Nachgefragt: Philosophie

Christine Schulz-Reiss

Nachgefragt: Philosophie

Basiswissen zum Mitreden

Illustrationen von Verena Ballhaus

Loewe

Bildnachweis:
dpa Picture Alliance: S. 21, 47, 67, 75, 89, 127, 135;
Keystone Bildagentur: S. 27, 41, 61, 87, 95, 103, 109

Bibliografische Information Der Deutschen Bibliothek
Die Deutsche Bibliothek verzeichnet diese Publikation in der Deutschen Nationalbibliografie; detaillierte bibliografische Daten sind im Internet über *http://dnb.ddb.de* abrufbar.

Der Umwelt zuliebe ist dieses Buch auf chlorfrei gebleichtem Papier gedruckt.

ISBN 3-7855-5578-4 – 1. Auflage 2005

Umschlagillustration: Verena Ballhaus
Umschlagfoto: Mauritius
Umschlaggestaltung: Andreas Henze
Redaktion: Antje Subey-Cramer
Herstellung: Michaela Bautz

www.loewe-verlag.de

Inhaltsverzeichnis

Näher, mein Gott, zu dir!

Zurück zu den Wurzeln, aber weg mit dem alten Kram!

Auf in die neue Zeit!

Kopf oder Bauch?

Hinauf in luftige Höhen - Das Geheimnis des Ich

Schöne neue Welt

Da fehlt doch was!

Sturz ins Bodenlose oder Abflug in neue Höhen?

Hinauf in luftige Höhen - Das Geheimnis des Ich

Schöne neue Welt

Da fehlt doch was!

Sturz ins Bodenlose oder Abflug in neue Höhen?

Einleitung

Philosophie?!? Wenn dich jemand fragt: „Was liest du da?“, und du sagst ihm: „Ein Buch über Philosophie“, wird derjenige dich vielleicht mit großen Augen anschauen. Darin kannst du dann Bewunderung oder Staunen lesen. Es kann aber auch sein, dass du Stirnrunzeln oder Kopfschütteln erntest. Er oder sie wird sagen: „Ist ja toll! An so etwas traust du dich ran?!“ Oder: „Nanu, was ist denn in dich gefahren?!“ Oder auch: „Jetzt ist sie/er völlig durchgeknallt und hebt ab!“

Philosophie – schon allein das Wort hat einen über allem schwebenden Klang. Für manche Leute ist ein Philosoph ein zerstreuter Professor, der vor lauter Grübeln die Welt um sich herum nicht mehr sieht, und den man deshalb auch gar nicht ernst nehmen mag. Oder sie stellen sich eine Respekt einflößende Person vor, die so schlau ist, dass man vor ihr nur in Ehrfurcht erstarren, ihr gedanklich aber sowieso nicht folgen kann. Mancher hält einen Philosophen auch für einen Spinner, der sich den Kopf über Dinge zerbricht, mit denen man im Alltag ohnehin nichts anfangen kann.

Alles falsch! Dass du dieses Buch in Händen hältst, zeigt schon: Von solchen Vorurteilen lässt du dich nicht ins Bockshorn jagen! Du willst selber sehen, was dahinter steckt. Dich treibt ganz einfach Neugier an. Und damit hast du schon den ersten Schritt zum Philosophieren getan. Denn mit Neugier darauf, was sich hinter allem und jedem verbirgt, fing auch die Philosophie an. Erst ging es um die Dinge, die man sehen, anfassen und (im ursprünglichen Sinn des Wortes) be-greifen kann. Woraus ist die Welt gemacht?, fragten die ersten Denker vor fast 3 000 Jahren im alten Griechenland. Manche ihrer Antworten sind kurios, manche scheinen abwegig, andere lassen uns staunen: weil die modernen Naturwissenschaften Jahrhunderte später tatsächlich beweisen konnten, dass so ein alter Grieche, der als Werkzeug nur Kopf und Verstand besaß, schon auf die richtigen Lösungen kam.

Über manche Philosophen gibt es so viele Bücher, dass sie ganze Regale füllen. Kein Mensch muss die alle lesen, um die Gedankengänge der Philosophen zu verstehen. Oft ist weniger mehr – selbst dicke Geistes-Brocken lassen sich in leicht verdauliche Häppchen zerlegen. Und genau das habe ich in diesem Buch versucht. Du kannst es von vorne bis hinten in einem Zug lesen. Oder du gehst wie an ein großes Menü heran: Pick dir ein Häppchen heraus, um zu sehen, wie es dir schmeckt. Vielleicht hast du ja Appetit auf den ersten Philosophen – Thales von Milet. Oder du blätterst zu Sokrates oder gleich zu Kant, weil du deren Namen schon gehört hast und denkst: Mal sehen, ob der mir was bieten kann. Du kannst auch von hinten nach vorne lesen. Allein auf deine Vorlieben kommt es an.

Dieses Buch lädt dich zu einer Entdeckungsreise durchs Denken der Menschheit ein, aber auch zum Selber-Denken. Du wirst staunen: Manche Stationen kennst du schon. Über vieles, worüber sich „große" Philosophen den Kopf zerbrachen und zerbrechen, hast du bereits selber nachgedacht. Über einiges wirst du lachen. Auf jeden Fall ist es spannend und macht Spaß – und den wünsche ich dir! – zu lesen, auf welche Ideen der Mensch im Lauf der Geschichte kam.

Wer, wie, was – wieso, weshalb, warum ...

Lebst du nur, oder denkst du schon? Warum Kinder geborene Philosophen sind

Warum ist die Banane krumm? Damit sie in die Schale passt! Mit diesem Spruch werden „dumme Fragen“ abgetan. Dabei ist die Frage gar nicht dumm. Denn die Krümmung der Banane lässt sich erklären. Und was sich erklären lässt, hat auch einen Sinn.

Botaniker
Pflanzenforscher

Bananen-Blüten hängen in einer dicken Traube nach unten. Um zu reifen, müssen sich die Früchte nach oben, also der Sonne entgegenbiegen. Ziemlich raffiniert! Doch wer oder was hat sich das ausgedacht? Das mit der Krümmung können die *Botaniker* erklären. Mit dem „Wer oder was“ wird es schon schwieriger. Mit der Frage nach dem Sinn, der sich in der Natur verbirgt, und der Idee, die dahinter steckt, fängt das Philosophieren an. Wer war das, wer ist für das alles verantwortlich?, haben sich die Menschen schon immer gefragt.

Der Mensch erträgt es nur schwer, wenn er auf eine Frage keine Antwort finden kann. Das sieht man schon an kleinen Kindern. Deren bewusstes Leben fängt mit Fragen an. Es gibt nichts, was sie nicht *in Frage stellen,* und ein Ende ist oft nicht abzusehen: „Was ist das?“ „Wozu ist das gut?“ „Warum muss das so sein?“ „Was wäre, wenn es das nicht gäbe?“ Auch du hast früher die Großen mit deiner Fragerei manches Mal fast um den Verstand gebracht. Du konntest nicht anders. Sonst wärst du dumm geblieben. Wenn die Großen „Das ist halt so!“ sagen, sind sie nur zu bequem zum Selber-Denken oder haben das Staunen verlernt. Das ist ziemlich schade!

Du stellst immer noch Fragen, aber andere und oft an dich selbst, weil du inzwischen durch Nachdenken eigene Antworten findest. Dabei merkst du: Hast du dich auf das Spiel erst mal eingelassen, fällt dir zu jeder Antwort eine neue Frage ein. Das Abenteuer Denken hat begonnen – du steckst mittendrin.

Bei deinem *Hinterfragen* passiert nichts anderes als das, was ein kleines Kind macht, wenn es anfängt, die Welt zu entdecken: Es nimmt einen Gegenstand in die Hand, *be-greift* ihn, um ihn zu *erfassen*. Vielleicht steckt es das Ding in den Mund, um zu *erfahren*: Wie schmeckt denn das? Und schließlich wird es das Teil zerlegen, um rauszukriegen, ob sich nicht vielleicht noch etwas Spannenderes darin verbirgt. „Musst du alles kaputtmachen?!", sagen die Erwachsenen dann mit einem Seufzen.

„Die Philosophie beginnt mit dem Staunen."
Aristoteles
(siehe Seite 45)

Auch deine Fragen blocken sie deshalb manches Mal ab: Schließlich ist es recht unbequem, wenn jemand alles *in Frage stellt*. Weil dabei eine feste Überzeugung in die Brüche gehen kann oder Zweifel sich einschleichen können.

Du *begreifst* die Welt mit dem Kopf. Deine Gedanken sind dabei wie Finger: Mit ihnen zerlegst du die Dinge und *erfasst* sie dann – auch das, was man nicht anfassen kann: Gefühle, Glauben, Hoffnungen, Wünsche, die Gedanken selbst.

Du fragst: Warum? Warum soll ich lernen? Warum verliebt man sich? Warum muss der Mensch sterben? Was kommt nach dem Tod? Warum tut der Gedanke daran weh? Warum bin ich manchmal unglücklich? Und was ist Glück?

Mit jeder neuen Frage tauchst du tiefer.

Du staunst, du zweifelst und kommst mit jedem Gedanken zu Erkenntnissen, mit denen du das bereits Erfasste erneut in Frage stellen kannst. Das Tollste ist ja, dass hinter allem tatsächlich immer *noch* etwas steckt. Wer so versucht, den Dingen auf den Grund zu gehen, ist mittendrin im Philosophieren. Und die krumme Banane? Auch wenn uns die Frage als Spinnerei erscheint: Spinnen macht Sinn. Weil die abenteuerlichste Gedankenreise oft erst mit einer solchen „dummen" Frage begann.

Ab in die Achterbahn! Was ist Philosophie?

Warst du schon mal verliebt? Dann kennst du dieses Gefühl: Dir wird schwindlig, wenn du an deinen Schatz nur denkst. Philosophieren fühlt sich ähnlich an: Es ist wie Achterbahnfahren im Kopf.

„Philos“ heißt Freund oder Liebhaber, „Sophia“ Weisheit. „Philosophie ist Kümmern um uns selbst.“ Karl Jaspers **(siehe Seite 118)**

Philosophie heißt Liebe zur Weisheit. Das Wort kommt aus dem Griechischen, denn die Griechen haben vor 2700 Jahren die Philosophie „erfunden“. Zumindest waren sie die Ersten, die ihr einen Namen gaben. Wie bei der Liebe kann es einem schwindlig werden, wenn man sich auf sie einlässt: Wie ein Strudel zieht sie einen immer tiefer hinein. Wer verliebt ist, will auch ständig mehr: erst einen Blick, dann dem anderen näher kommen, schließlich Händchenhalten, mehr voneinander wissen und ein Plätzchen finden, an dem man sich's zusammen gemütlich machen kann.

Mit der Philosophie sucht der Mensch seinen Platz in der Welt. Dafür muss er aber erst verstehen, was es mit dieser Welt auf sich hat. Wer philosophiert, fragt deshalb: Was ist die Welt? Woraus besteht sie? Und dann: Was ist der Mensch? Wer bin ich selbst? Wozu bin ich da? Ist das, was ich wahrnehme und denke, überhaupt wirklich, oder spiegeln mir meine Sinne nur etwas vor – wie ein See, in dem ich den Himmel sehe, obwohl er da gar nicht ist. Was ist dieser Himmel? Wo fängt er an, wo hört er auf? Und was ist dahinter? Warum gibt es Gut und Böse? Woher weiß ich, was das ist? Wo war ich, bevor ich geboren wurde? Und warum muss ich sterben? Was kommt danach? Und wenn nichts kommt, was ist das dann: das Nichts? Die letzte Frage hat den Menschen immer auch Angst gemacht. Wer Liebeskummer fürchtet, darf sich nicht verlieben. In der Philosophie entscheidet jeder selbst wann er die Achterbahn verlässt.

Stell dir vor, dein Onkel ist Wissenschaftler. Die Familie ist stolz auf ihn. Trotzdem hört ihr lieber der Oma zu. Sie hat nie studiert. Aber mit ihrer Weisheit zieht sie alle in den Bann.

Ist Philosophie eine Wissenschaft? Was Wissen und Weisheit unterscheidet

Streng genommen, ist die Philosophie keine Wissenschaft, auch wenn die, die sie von Berufs wegen betreiben, kluge Leute sind. Du kannst Philosophie an der Universität studieren. Dort lernst du, was Philosophen über die Welt, den Menschen und die Maßstäbe, nach denen er leben soll, herausgefunden haben. Philosophie als Wissenschaft trägt diese Weisheiten zusammen und legt sie vor dem Hintergrund des heutigen Wissens neu aus.

Ein Wissenschaftler ist fit auf seinem Fachgebiet. Manchmal kennt er sich auch in zweien oder dreien supergut aus und wird versuchen, etwas Neues darüber herauszufinden. Das muss er dann hieb- und stichfest beweisen. Wissenschaft sammelt Wissen und ist gleichzeitig immer damit beschäftigt, dieses Wissen fortzuentwickeln. Weisheit ist mehr: Manchmal werden den Wissenschaftlern deshalb Philosophen zur Seite gestellt. Die sollen dann darüber nachdenken, ob eine neue Erfindung dem Menschen nutzt oder eher schadet, ob der Mensch alles, was er kann, auch tun darf. Zum Beispiel Atombomben bauen oder künstlich Leben züchten (siehe Seite 134). Deine Oma ist weise, weil sie schon so viel erlebt hat. Sie weiß aus Erfahrung, dass nicht alles so heiß gegessen wird, wie man es kocht. Vielleicht ärgerst du dich, wenn du Liebeskummer hast und sie dich mit den Worten tröstet: „Nimm's nicht so schwer. Das geht vorbei!“ Das heißt nicht, dass ihr dein Kummer egal ist. Aber sie weiß: Es wird nicht deine letzte Liebe sein. In jedem Ende wartet auch ein Neuanfang. Und das ist ganz schön weise.

Weise ist, wer hinter dem, was ist, auch einen Sinn sehen kann: Auch wenn man den nicht zweifelsfrei beweisen kann, macht das das Leben leichter. Die Philosophie versucht, mehr über diesen Sinn herauszubekommen.

Was ist ein Philosoph? Jedenfalls kein Besserwisser

Si tacuisses, philosophus mansisses! Das heißt: Hättest du geschwiegen, wärest du ein Philosoph geblieben! Was?! Wozu sich den Kopf zerbrechen, wenn man dann nicht drüber reden soll?

„Ich weiß, dass ich nichts weiß!" Dieses Zitat von Sokrates trägt den Widerspruch schon in sich. Denn zumindest das weiß er dann ja: dass er nichts weiß.

Der Satz ist lateinisch und stammt von dem römischen Staatsmann und Philosophen Severinus Boethius (siehe Seite 55). Zum geflügelten Spruch wurde sein Zitat, weil es oft besser ist zu schweigen, als irgendwas daherzureden, was man nicht beweisen kann und womit man sich vielleicht in die Nesseln setzt. Philosophieren heißt ja, immer wieder neu zu zweifeln: weil bislang niemand auf der Welt die Frage nach dem Sinn des Ganzen wirklich beantworten konnte. Wer philosophiert, geht mit seinen eigenen Erfahrungen, seinem Wissen und seinem persönlichen Hintergrund an dieses Nachdenken heran. Jemand anders kommt vielleicht bei der gleichen Frage zu anderen Schlüssen. Beides kann trotzdem richtig sein – vielleicht ist aber auch beides falsch, oder nur einer liegt daneben. Wenn zwei Philosophen über eine Frage diskutieren, kann es passieren, dass nicht nur die Köpfe rauchen, sondern auch die Fetzen fliegen. Einen wahren Philosophen treibt ein Satz von Sokrates (siehe Seiten 39 ff.) an: „Ich weiß, dass ich nichts weiß!"

Kein Wunder, dass Philosophen oft zur Zielscheibe von Spott geworden sind. Manchmal verstricken sie sich so in Gedanken, dass man glauben könnte, sie kriegen von der wirklichen Welt nichts mit. Wie Thales von Milet (siehe Seite 29). Er war eines Tages beim Nachdenken so in den Anblick der Sterne vertieft, dass er in einen Brunnen stolperte. Eine Magd verspottete ihn daraufhin: „Der will wissen, was im Himmel ist. Aber was vor ihm und seinen Füßen liegt, das sieht er nicht!"

Kennst du Pippi Langstrumpfs Suche nach dem Spunk? Den gibt es gar nicht. Doch jeder, den sie fragt, tut, als ob er wüsste, was es ist. Dabei hat sich Pippi das Wort nur ausgedacht.

Ohne Worte denken – geht das? Pippi Langstrumpf und der Spunk

Das wichtigste Werkzeug zum Philosophieren ist der Kopf. Doch was nützen die tollsten Gedanken, wenn du sie nicht in Worte fassen kannst? Bestimmte Dinge kannst du in Bildern denken: einen Käfer, eine Blume, den Himmel, ein Pferd. Doch dazu musst du sie schon kennen. Bei Begriffen wie Sein oder Nichts funktioniert das nicht. Auch wenn du dir das Nichts als großes schwarzes Loch vorstellst, ist das Loch auch schon wieder ein Begriff, der etwas Bestimmtes bezeichnet. Pippi nahm den umgekehrten Weg: Sie dachte erst den Namen und suchte dann das Ding dazu. Das kann nicht gut gehen! Wir können nur Dinge benennen, die wir kennen: weil wir sie schon mal gesehen, gefühlt, gehört, gerochen oder geschmeckt oder zumindest eine Vorstellung von ihnen haben. Oder weil uns jemand erklärt hat, was ein bestimmtes Ding ist. Mit anderen Menschen kannst du dich nur verständigen, wenn sie ebenfalls wissen, wovon du redest oder schreibst. Ohne Sprache – gesprochene oder geschriebene – können wir weder denken noch kommunizieren.

Die Philosophie geht auch hier vor wie ein Kind, das die Welt entdeckt: Erst ergründet sie die *konkreten* Dinge: Das sind die, die wir anfassen, sehen und – im ursprünglichen Sinn des Wortes – begreifen können. Dann wendet sie sich den *abstrakten* Begriffen zu, wie Leben, Tod, Sein, Nicht-Sein, Gut und Böse. Da wird es schwierig, weil man diese Begriffe unterschiedlich auslegen kann. Philosophie versucht, für die abstrakten Dinge Erklärungen zu finden, die für alle Menschen gültig sind.

Konkret ist alles, was wir mit unseren Sinnen wahrnehmen können. **Abstrakte** Dinge sind das Gegenteil: Wir können sie nur mit dem Kopf, nicht mit den Sinnesorganen er-fassen.

Sind die Dinge, was wir aus ihnen machen? Oder ist ein Stein nur ein Stein?

Steine am Bachrand - sind es tausende, hunderttausende oder gar eine Million? Wo kommen sie her? Was wird aus ihnen? Wo sind sie, wenn du in dreißig Jahren wiederkommst?

Wir geben der Welt eine Bedeutung. Doch welche Bedeutung hat sie ohne uns? Philosophie stellt die Dinge um uns herum in Bezug zum Menschen und umgekehrt.

Das Wasser hat die Steine rund geschliffen. Einige sind so flach, dass du sie springen lässt. Du nimmst dir einen, weil er so ein tolles Muster hat. Wer hat ihn so schön gefärbt? Du gibst dem Stein einen geheimnisvollen Namen, „Zauberstein". Du sammelst noch mehr Steine, und am Ende sind deine Taschen voll.

„Wo sind meine Steine?", fragst du ein paar Tage später. „Ich habe den Anorak gewaschen und sie weggetan", sagt deine Mutter. Oje! Wütend gehst du an ihren Schreibtisch, nimmst den Stein, der da schon ewig liegt, und schmeißt ihn in den Garten. Abends fragt Mutter: „Wo ist mein Stein?" „Den hab ich weggeworfen. War doch nur ein Stein!" Deine Mutter ist fassungslos: „Den hat mir vor langer Zeit dein Vater geschenkt!"

Eigentlich waren es wirklich „nur" Steine. Für euch waren sie aber mehr. Was hat es mit manchen Steinen auf sich, dass wir sie aufsammeln, sie als „Handschmeichler" in die Tasche stecken? Ihr habt den Steinen eine besondere Bedeutung gegeben: Für dich hatten sie etwas Magisches, für deine Mutter war der Stein ein Symbol für die Liebe. Was macht den Stein zum Stein? Wurde er erst Stein, als er von einem Fels abgebrochen ist? War er nicht vorher auch schon ein Stein? Das ist doch nur ein Stein! Aber wir können viel aus ihm machen: Nicht nur mit den Händen, wenn wir ihn behauen oder ein Haus damit bauen. Manchmal ist es ein Stein, mit dem für uns die Frage nach Anfang und Ende beginnt: Wo kam er her? Was wird aus ihm? Fragen, die wir uns auch über uns selber stellen.

Wer war das?! Wie sind die Dinge entstanden?

„Am Anfang war das Wort. Und das Wort war bei Gott. Und Gott war das Wort." So steht es in der Bibel. Jeder fragt sich irgendwann: Wie sind die Dinge entstanden? Oder: Wer hat sie gemacht?

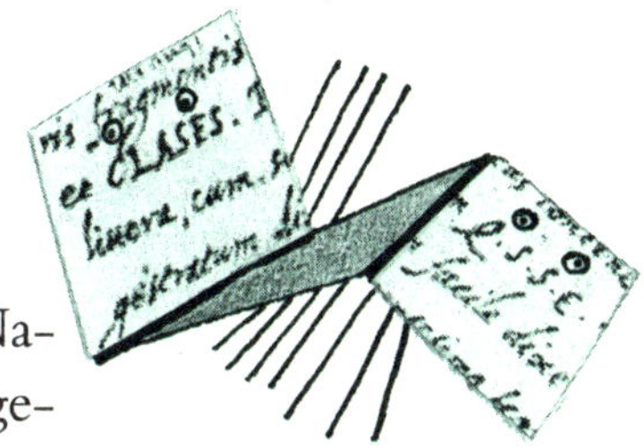

Selbst wenn es einen Gott gibt, der die Welt, das Leben, die Natur erschaffen hat, bleibt die Frage offen: Wie hat er das gemacht? *Ohne* einen Gott ist eine Antwort darauf noch schwieriger: Denn irgendwie muss doch alles angefangen haben.

Die ersten Philosophen haben – Gott hin oder her – nach einem Urstoff gesucht, aus dem sich alles entwickelt hat. Sie tippten auf Wasser, Luft, Erde oder Feuer: Ohne Wasser und Luft gibt es kein Leben. Aus der Erde wachsen die Pflanzen, und das Feuer spendet die Wärme, ohne die jegliches Leben erstarrt.

Dank der Naturwissenschaften wissen wir heute mehr über die *Evolution*. Aber noch viel zu wenig, um wirklich sagen zu können, wie alles begann. Nach der Urknall-*Theorie* ist das Weltall vor zehn bis zwanzig Milliarden Jahren bei einer riesigen Explosion entstanden. Vor 4,6 Milliarden Jahren wurde in Folge dieses Urknalls unser Sonnensystem mit der Erde geboren. Die Erde gilt als einziger Planet, auf dem es Wasser gibt. Wasser ist ein Leben spendender Saft. Deshalb war es eine Sensation, als bei einer Mars-Landung ein Roboter Bilder zur Erde sandte, auf denen zu erkennen war, dass dort irgendwann einmal Wasser gewesen sein muss. War da mal wer? Sind wir doch nicht die Einzigen auf der Welt?

Ob Urstoff oder Urknall – auf die erste und letzte Frage bleiben beide Theorien die Antwort schuldig: Wo kommt dieser Urstoff her? Oder wer hat die riesige Explosion verursacht? Hier fängt die Arbeit der Philosophen an.

Als **Evolution** bezeichnen wir die Entwicklung der Welt und des Lebens. Eigentlich bedeutet der Begriff „Aufschlagen eines Buches".

Theorie hieß bei den Griechen „Schaulust". Wir verwenden das Wort für eine Betrachtungsweise oder Annahme.

Wo fängt die Welt an? Und wo ist ihr Ende?

Wann hast du begonnen, dieses Buch zu lesen? In wie vielen Tagen wirst du fertig sein? 19 Seiten hast du hinter dir. Wenn du es zu Ende liest, hast du 144 Seiten geschafft.

Dieses Buch hat einen Anfang und ein Ende: Sowohl was die Seitenzahl betrifft als auch die Zeit, die du zum Lesen brauchst. Nicht nur dieses Buch, auch alles andere bemessen wir nach Raum und Zeit. Der Raum ist der Umfang oder die Masse, die etwas in seiner Umgebung einnimmt. Dieses Buch hat 144 Seiten, die in deinem Regal zwei Zentimeter Raum ausfüllen. So hat jedes Ding einen Bezug zu den Dingen um sich herum.

Die Erde ist eine Kugel mit einem Umfang von 40.075,017 Kilometern und einem Volumen von 1.083,207 x 10^9 Kubikkilometern. Diesen Raum füllt sie in der Welt. Die Menschen früher haben über diesen Raum nicht hinausgedacht. Sie wussten noch nicht einmal, wie groß die Erde ist. Sie dachten sogar, sie sei eine Scheibe, deren Rand, der Horizont, für sie zugleich das Ende der Welt war. Wir wissen inzwischen: Die Welt ist viel größer, die Erde nur ein kleiner Teil davon. Das Ganze nennen wir All, *Kosmos* oder *Universum*. Wie groß das Weltall ist, weiß kein Mensch. Schließlich ist noch nie jemand an seine Grenzen gestoßen. Wenn es diese Grenzen überhaupt gibt, sind sie so weit weg, dass niemand lange genug leben kann, um dorthin zu gelangen. Denn um unendlich große Strecken zurückzulegen, braucht es auch unendlich viel Zeit.

Der **Kosmos** ist die Welt als Ganzes: Das Wort stammt von den Griechen und heißt ursprünglich Ordnung.

Universum ist das lateinische Wort für „ganz" oder „sämtlich". Eigentlich bedeutet es „in eins gekehrt" von „unus" (einer) und „versus" (gewendet).

Kann die Welt überhaupt ein Ende haben?

Man muss kein Philosoph sein, damit einem bei diesem Gedanken schwindlig wird. Unser Denken braucht einen Rahmen, weil wir uns sonst in der Unendlichkeit verlieren. Unendlichkeit übersteigt unser Vorstellungsvermögen, weil alles, was wir erfassen können, einen Anfang und ein Ende hat: dieses Buch, deine Schulzeit, das Leben, das Denkvermögen.

Doch gilt das auch für die Welt? Selbst wenn sie eine Begrenzung hat: Muss dann dahinter nicht doch noch etwas sein? Oder herrscht dort Leere? Was ist diese Leere dann? Wir können sie uns nicht vorstellen. Schon der Versuch macht Angst, Angst vor dem Absturz ins Nichts.

Mit der Zeit ist es ebenso. Wir wissen, dass die, die wir zum Leben haben, begrenzt, also endlich ist. Aber Zeit gab es auch vor uns und wird es auch nach unserem Tod noch geben. Die Zeit geht weiter. Doch wird sie das endlos tun? Was, wenn sie nicht ewig ist? Auch das macht Angst: Schließlich können wir uns das Ende der Zeit, wenn überhaupt, nur als Ende der Welt vorstellen. Nichts fürchtet der Mensch mehr als diesen Untergang. Denn der könnte natürlich auch schon morgen sein.

„Die wahre Welt ruht unbeweglich und zeitlos, sie ist ohne Anfang und Ende.“ Parmenides (siehe Seite 33)

Mathematiker und Physiker versuchen, Raum und Zeit auszumessen. Philosophen suchen danach, was es mit Raum und Zeit auf sich hat und welche Rolle der Mensch darin spielt, spielen soll oder kann. Das ist die Frage nach dem Lebenssinn.

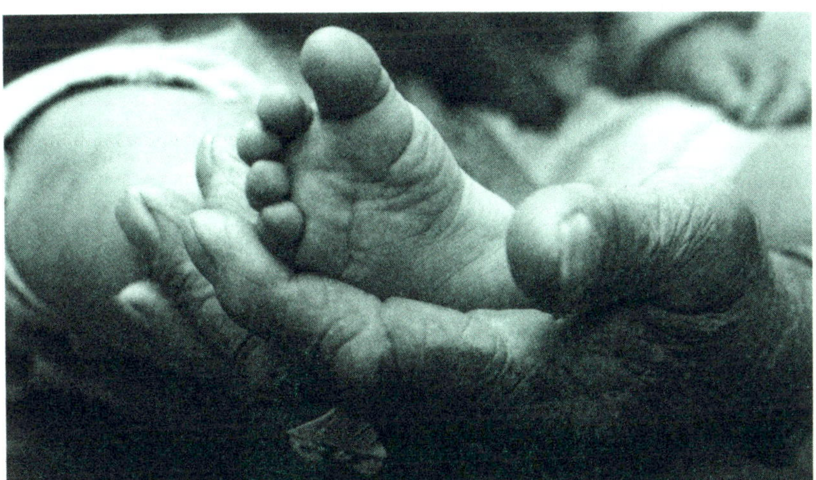

Wer bin ich?
Was will ich?
Was wird aus mir?

Ein Baby sieht sich im Spiegel und greift neugierig nach dem Gesicht. Es erkennt sich nicht. Du staunst, wenn du alte Fotos von dir siehst: Das war ich? Vielleicht entdeckst du dich zurzeit völlig neu und wunderst dich: Das also bin ich?!

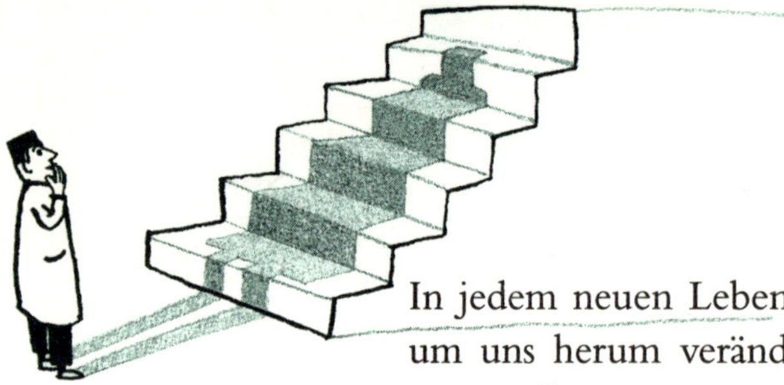

In jedem neuen Lebensabschnitt sehen wir uns neu. Die Welt um uns herum verändert sich und wir uns mit. Wenn deine Mutter ihr erstes graues Haar entdeckt, fragt sie sich: Oje, werd ich jetzt alt? Vielleicht sinniert sie über ihr bisheriges Leben und fragt sich: Hab ich was verpasst? Was will ich eigentlich? Was kommt noch auf mich zu? Dein Opa gerät ins Grübeln, wenn er plötzlich einen Stock braucht und ihm jede Steigung zum Hindernis wird. Er weiß, wer er ist. Er weiß, was er wollte. Und doch fragt auch er sich: Wie wird es mit mir weitergehen?

„Da steh ich nun, ich armer Tor! Und bin so klug als wie zuvor." Wie dem Faust in Johann Wolfgang von Goethes großem Drama geht es jedem, der philosophiert. Wir wissen nicht, ob es tatsächlich endgültige Antworten geben kann.

Kinder von zwei, drei Jahren haben Allmachtsfantasien: Sie sind begeistert darüber, was sie alles können, und sie glauben, dass ihnen alles gelingt. Klappt das nicht, können sie sehr zornig werden. Als Schulkind hast du schnell festgestellt, dass du dich anstrengen musst, um Erfolg zu haben. Heute weißt du: Auf manches hast du nur begrenzten oder gar keinen Einfluss: Du wirst krank, jemand hat einen Unfall, du siehst im Fernsehen Bilder von Elend, Hunger, Krieg und Tod. Manchmal strotzt du vor Selbstbewusstsein, die Welt gehört dir! Du hast ein Ziel vor Augen, willst werden wie dein Vater, ein Pop-Idol oder die nette Frau von nebenan. Ein andermal quälen dich Zweifel, und du fragst dich: Was soll aus mir werden? Die Philosophie sucht eine Antwort auf diese Fragen, die für jeden Einzelnen, aber auch für die Menschheit insgesamt gilt. Wir bedienen uns ihrer Erkenntnisse, und doch fängt jeder damit wieder von vorne an.

Haust du mich, dann hau ich dich! Was ist gut, und was ist böse?

„So eine böse Biene!", trösten Eltern ihr Kind, wenn es von einem Insekt gestochen worden ist. Du weißt es besser: Die Biene hat ganz bestimmt nicht aus Bosheit gestochen, sondern weil sie sich angegriffen fühlte.

War die Biene also gut? Im philosophischen Sinne ja. Denn das Tier hat das seiner Art gemäße Richtige getan: gestochen, um sich zu retten. Wie ist das nun aber, wenn dich jemand angreift, du ihm in deiner Not eine Flasche über den Kopf ziehst und ihn dabei schwer verletzt? In der Situation war das für dich gut. Aber jemanden zu verletzen ist doch böse, oder? „Ich hatte keine andere Chance!", wirst du jetzt sagen. Im Zweifelsfall wird ein Richter klären, ob das wirklich so war. Auch wenn er dir Recht gibt, fühlst du dich danach vermutlich schlecht.

Gut und böse, richtig und falsch – in manchen Bereichen erscheint es einfach, Dinge oder Verhaltensweisen in die richtigen Kategorien, also Schubladen, einzusortieren. Schreibst du bei einer Mathearbeit 1 + 1 = 3 hin, ist die Sache klar: Falsch! Schwieriger wird es, wenn du sagst: „Die Äpfel sind gut!" Deine Schwester ist da vielleicht anderer Meinung, weil sie nur saure Äpfel mag. Ganz schwierig kann es werden, wenn es um die Bewertung richtigen oder falschen, guten oder bösen menschlichen Verhaltens geht. Die Philosophie hat verschiedene Maßstäbe für gut und böse: Ein Ding ist gut, wenn es der Idee, die wir von ihm haben, möglichst genau entspricht. Oder wenn es (wie die Biene) den Erfordernissen seiner Art am besten gerecht wird. Was aber sind die Erfordernisse unserer Art? Wie müssen wir sein, was dürfen wir tun? Die Suche nach den Regeln für ein sittlich richtiges Leben wird Ethik genannt.

Böse ist, wer die menschliche Freiheit zu seinen Gunsten und zu Ungunsten anderer missbraucht. Das meinte einer der größten deutschen Philosophen, Immanuel Kant **(siehe Seite 93).**

Der Natur auf der Spur - wie alles begann

Gott und die Welt: Was haben Glaube und Philosophie miteinander zu tun?

Kennst du die Geschichte von Adam und Eva? Diesen ersten Menschen ging es mit ihrem Glauben an Gottvater sehr gut. Trotzdem aßen sie von der verbotenen Frucht. Warum war ihnen das Paradies nicht genug?

„Es gibt etwas, also gibt es etwas Ewiges, denn nichts kommt aus dem Nichts." Das sagte der französische Philosoph Voltaire (siehe Seite 91), der an Gott glaubte, die Kirche aber zutiefst verabscheut hat.

Die Bibel nennt ihn den „Baum der Erkenntnis", von dem Eva den Apfel pflückte. „Wenn ihr davon esst", so hatte die Schlange den ersten Menschen versprochen, „werdet ihr sein wie Gott!" Warum wollten die Menschen das? Warum war es ihnen nicht genug, in Gottes Garten Eden, dem Paradies, gut aufgehoben zu sein? Der Mensch wollte offenbar immer schon mehr sein, als er ist. Im philosophischen Sinn ist Glaube „nur" ein subjektives „Für-wahr-Halten". So hat Immanuel Kant (siehe Seite 92) das genannt. Subjektiv heißt, dass der Glaube von demjenigen abhängig ist, der etwas glaubt. Die Kirchen sehen das natürlich anders. Sonst wären sie, die ja den Glauben auslegen, überflüssig. Trotz Wissenschaft und Forschung hat der Mensch schon immer höheren Wesen zugeschrieben, was er sich nicht erklären kann. So lässt sich leichter leben.

Der Mensch lernte, die Natur für sich zu nutzen, Ackerbau zu betreiben, Werkzeuge zu bauen, sogar zum Mond zu fliegen. Das alles verdankt er seiner Wissbegier und seinem Forscherdrang. Und doch ist er immer wieder Ereignissen ausgeliefert, die er nicht beeinflussen und auch nicht abwenden kann. Trotzdem oder gerade deshalb müssen Glaube und Philosophie kein Widerspruch sein. Die Philosophie hat sich immer auch den Glauben zu Nutze gemacht: entweder, indem sie ihn zur höchsten Stufe der Erkenntnis erklärt, oder als Mittel zum Zweck des Erkennens eingesetzt hat. Einige Philosophen haben versucht, Gott zu beweisen – was die Kirchen gerne aufgegriffen haben.

Andere wiederum haben das Gegenteil getan: versucht zu beweisen, dass es keinen Gott geben kann.

Aber auch das gibt es: Um 500 v. Chr., etwa um die Zeit, als in Griechenland die Philosophie begann, begründete der indische Fürstensohn Siddhartha Gautama eine Religion ohne Götter.

Siddhartha sagte: Alles Leben ist Leiden.

Deshalb muss sich der Mensch von diesem Leiden befreien. Siddhartha fand auch heraus, wie das gelingen kann: Die Erleuchtung kam ihm, als er unter „seinem" Baum der Erkenntnis, einem Feigenbaum, in sich versank. Seitdem nannte er sich Buddha, was „der Erleuchtete" heißt. Buddhas Philosophie war, dass das Sein ein ewiges Werden ist. Der Buddhismus glaubt an die Wiedergeburt. Die Befreiung von allem Leid ist, sich von den Wiedergeburten zu erlösen. Dazu muss der Mensch alles loslassen, was ihn an die Welt und ans Leben bindet. Dann kann seine Seele im Nirwana, dem Nichts, verwehen. Wer an Buddhas Lehre glaubt, hat die Angst vor dem Nichts überwunden. Darin liegt der religiöse Charakter des Buddhismus.

Buddha, „der Erleuchtete"

Der Natur auf der Spur: Wer waren die ersten Philosophen?

Woraus ist die Welt gemacht? Darüber zerbrachen sich die ersten Philosophen den Kopf. Es gab Mythen, Götter, eine überirdische Macht. Doch woraus hatte die - wer immer sie war - alles, was ist, gemacht?

Was ist Natur? Was ein Baum? Warum wachsen Pflanzen aus der Erde? Was ist der Ursprung von allem? Muss es nicht irgendetwas geben, woraus alles, was ist, entstanden und dann in unterschiedlichen Formen in die Welt gekommen ist? Mit dieser Suche nach einem Urstoff hat die Philosophie vor über zweieinhalb Jahrtausenden in Griechenland begonnen. Ihre ersten Vertreter werden deshalb auch Naturphilosophen genannt. Die Menschen vor ihnen waren aber natürlich auch nicht dumm. Es gab hoch entwickelte Zivilisationen – Gemeinschaften von Menschen – und Kulturen, die Wissen über Ackerbau, Mathematik, Seefahrt und vieles mehr errungen hatten. Sie machten sich mit Werkzeugen das Leben leichter, benutzten Tiere für manche Arbeiten, konnten sich Behausungen und Kultstätten bauen. Die Ägypter zum Beispiel errichteten damals schon Pyramiden. Dazu mussten sie rechnen können.

Die Naturphilosophen werden auch **Vorsokratiker** genannt, weil mit dem Tod eines ihrer Nachfolger, Sokrates (siehe Seite 39), im Jahr 399 v. Chr. eine neue Art von Philosophie begann. Erst Sokrates rückte den Menschen in den Mittelpunkt.

Den Philosophen ging es weder um die Götter noch darum, bequemer zu leben: Diese „Freunde der Weisheit" waren einfach neugierig und wollten wissen, wie es zu den unterschiedlichen Dingen und deren Veränderungen in der Natur kam. Mit den ersten Naturphilosophen und ihrer Frage „Aus was ist was, und was kann daraus werden?" begannen deshalb auch die Naturwissenschaften, vor allem die Physik. Diese *Vorsokratiker* suchten als Erste für die Natur eine Erklärung, die nicht aus dem Glauben kam.

Wasser kommt in allen drei Daseinsformen - hart, weich, gasförmig - vor. Mal ist es Eis, mal flüssig, mal Dunst. Ohne Wasser gibt es kein Leben. Das beobachtete Thales von Milet und leitete daraus ab: „Alles ist Wasser.“

Sind wir aus Wasser? Wie Thales von Milet seinen Urstoff fand

Dieser Kaufmann aus der türkischen Hafen- und Handelsstadt Milet, die zu seinen Lebzeiten (625–547 v. Chr.) zu Griechenland gehörte, war ein hoch angesehener Mann. Er hatte als Erster eine Sonnenfinsternis (am 28. 5. 585 v. Chr.) vorhergesagt, die Höhe von Pyramiden berechnet, indem er ihren Schatten zu der Zeit maß, als sein eigener so lang war wie er selbst, und herausgefunden, wie man die Entfernung eines Schiffes auf dem Meer bestimmen kann. Außerdem soll er ein cleverer Geschäftsmann gewesen sein: Als er einmal bemerkte, dass die Olivenernte besonders üppig auszufallen versprach, kaufte Thales alle Ölpressen, die er kriegen konnte, und vermietete sie nach der Ernte teuer weiter.

Thales von Milet war unverheiratet und kinderlos. Auf die Frage, warum er nicht Vater werden wolle, soll er gesagt haben: „Aus Liebe zu den Kindern!“

Thales war ein weit gereister Mann: Aus Ägypten brachte er Kenntnisse der Astronomie mit und soll auch als Landvermesser am Bau von Bewässerungsgräben beteiligt gewesen sein. Möglicherweise kam er dabei auf die Idee, die ihn zum ersten uns bekannten Philosophen werden ließ: Thales konnte beobachten, wie der Nil jedes Jahr mit seinen Überschwemmungen dafür sorgte, dass die Erde danach am Lauf dieses Flusses besonders fruchtbar war. Die Ägypter verehrten den Nil deshalb als Gott. „Alles ist Wasser!“, stellte Thales von Milet fest und behauptete, alles Werden und Sein gehe auf diesen Urstoff zurück. Thales wird deshalb auch der erste *Materialist* genannt. Später soll er hinzugefügt haben: „Alles ist voll von Göttern.“

Als **Materialisten** bezeichnet die Philosophie Denker, die alles Sein auf einen Stoff, ein Material, zurückführen. Die Idealisten dagegen suchen hinter allem eine Idee.

Was ist eine philosophische Schule? Wie in Milet die erste entstand

Thales von Milets Art, die Welt zu erklären, war etwas völlig Neues. Zwei andere Mileter, Anaximander und Anaximenes, folgten ihm nach: Deshalb werden diese ersten drei Philosophen auch die „Schule von Milet" genannt.

Eine philosophische Schule ist kein Gymnasium, in dem ein Lehrer seinen Schülern erklärt, was sie lernen müssen. In dieser Schule ist Selber-Denken gefragt. Eine philosophische Schule nennt man eine Denkrichtung, in der eine Gruppe von Philosophen eine gemeinsame Grundidee verfolgt, wobei aber trotzdem jeder zu einem anderen Schluss kommen kann.

So war das auch mit den Nachfolgern von Thales, Anaximander (610–547 v. Chr.) und Anaximenes (585–525 v. Chr.). Wie ihr Lehrer Thales dachten auch sie über einen Urstoff nach. Anaximander war, wenn er nicht philosophierte, ein praktischer Mensch: Er hat die erste Erdkarte gezeichnet und nach babylonischem Vorbild eine Sonnenuhr gebaut. Die Erde stellte er sich als Zylinder vor, der in der Welt schwebt und von feurigen Rädern umkreist wird. Die Lebewesen haben sich nach seiner Meinung aus Schlamm entwickelt, wobei der Mensch vom Fisch abstammt. Anaximander meinte aber, es gebe vor diesem Urstoff etwas Unendliches, aus dem alle Gegensätze entstanden seien: nass und trocken oder warm und kalt. Diese Gegensätze heben sich ständig und bis in die Unendlichkeit immer wieder auf. Dieses Unendliche hat er Apeiron genannt.

Was wir von den ersten drei Philosophen wissen, haben deren Nachfolger erst später aufgeschrieben. Von Anaximander ist eine Aussage als Fragment (also als Bruchstück seiner Aufzeichnungen) erhalten geblieben: „Woraus die Dinge entstehen, dahin vergehen sie auch wieder."

Anaximenes hielt Thales' Urstoff Wasser für verdichtete Luft, aus der auch unsere Erde entstanden ist. Luft war „sein" Urstoff, aus dem, wenn er verdünnt wird, Feuer entsteht. Die Erde stellte er sich wie eine Platte vor, die im Urstoff Luft schwebt.

Wer die Welt er-messen will, kommt nicht ums Rechnen herum. Viele Philosophen waren auch Mathematiker. Einer von ihnen, Pythagoras, behauptete sogar: „Die Zahlen sind die Prinzipien des Seienden.“ Oder anders: Alles ist Zahl.

Ist alles Zahl? Na, danke, Herr Pythagoras!

Pythagoras lebte von 570 bis 495 v. Chr. Er suchte das Wesen der Welt nicht in einem Urstoff, sondern in einem Urgesetz. Er fand die Zahlen, in die sich alles zerlegen lässt. Die Welt war für ihn ein harmonisches Ganzes, das sich aus Gebilden zusammensetzt, die wiederum durch Zahlen darstellbar sind. Auch Musik war für ihn Zahl. Darauf kam er, als er eine Saite halbierte und anschlug. Der Ton, den er so erzeugte, war exakt eine Oktave (also acht Tonschritte) höher als der der ganzen Saite. Eine Quart (= vier Tonschritte) erklingt, wenn man die Länge auf drei Viertel, die Quint (= fünf Tonschritte), wenn man die Saite auf zwei Drittel verkürzt. Die drei Intervalle der Saite verglich Pythagoras mit den drei Lebensweisen der Menschen: Vernunft, Unvernunft und Tugend. Wobei die Tugend die Harmonie zwischen den anderen beiden darstellt.

Pythagoras gründete die Vereinigung der Pythagoreer, deren Lebensziel es war, diese höchste Harmonie zu erreichen. Die Pythagoreer lebten nach strengen Regeln: So durften sie zum Beispiel keine dicken Bohnen essen, weil die schwarzen Flecken auf deren Blüten in ihren Augen Todessymbole waren. Die Pythagoreer glaubten an die Wiedergeburt, aus der die Seele erst befreit wird, wenn sie die höchste Harmonie erreicht hat. Unter Pythagoras' Anhängern waren auch Frauen: darunter die erste Philosophiestudentin der Welt, Theano (siehe Seite 126). Sie wurde später Pythagoras' Frau.

Aus der Schule kennst du vielleicht den Satz des Pythagoras „$a^2 + b^2 = c^2$“. Er besagt, dass das Quadrat über der Hypotenuse eines rechtwinkligen Dreiecks gleich der Summe der Quadrate über den beiden Katheten ist.

Kann ich zweimal im selben Fluss baden? Heraklits Panta Rhei

Stell dir vor, du gehst in der Isar baden. Morgen willst du wieder dorthin. Dann wirst du also in denselben Fluss eintauchen, schließlich ist es ja wieder die Isar und nicht der Rhein.

Oder? Ist es wirklich derselbe Fluss, in dem du da badest?

Nein, das geht nicht!, sagt der griechische Philosoph Heraklit. Schließlich ist das Wasser, in dem du gestern warst, längst weitergeflossen. Es ist also anderes Wasser, in das du da tauchst. Und auch du hast dich verändert: Du bist einen Tag älter geworden und damit nicht mehr derselbe Mensch wie gestern. „Alles verändert sich ständig" (auf Griechisch: *Panta rhei* = alles fließt) ist ein Lehrsatz Heraklits. Er lebte von 540 bis 480 v. Chr. in Ephesos. Für ihn bestand die Welt aus ewiger Bewegung und Gegensätzen: Was Wärme ist, kann ich nur wissen, wenn ich auch Kälte kenne. Es gibt keinen Tag ohne Nacht, keinen Krieg ohne Frieden. Bekannt ist von Heraklit der Satz: „Der Krieg ist der Vater von allem." Wobei er mit Krieg nicht eine gewaltsame Auseinandersetzung meinte, sondern das Gesetz, dass alle Dinge ständig im Widerstreit miteinander liegen. Und das ist sogar gut: weil aus diesem ewigen Kampf der Gegensätze Harmonie entsteht, das Gleichgewicht, das die Welt in der Waage hält. Ohne Leben kein Tod, ohne Tod aber auch kein Leben, denn nur wenn Dinge vergehen, wird Platz für Neues frei. Das Ewige, das Urding allen Seins, ist für Heraklit das Feuer: Eine Flamme sieht immer gleich aus, obwohl sie doch beständig neues Öl verzehrt. Was den Menschen anbelangt, so ist für Heraklit der Verstand, der *logos*, das Feuer, das ihn vorantreibt und am Leben erhält. Heraklit fügte dem materiellen Urstoff der Dinge etwas Abstraktes, nämlich die Vernunft, hinzu.

Mit Heraklit staunte der Mensch erstmals über sich selbst. So ist sein Satz zu verstehen: „Der Seele ist ein Logos eigen."

Logos ist das durch die Vernunft bestimmte Denken (im Gegensatz zum Mythos, der nur auf Meinung oder Glaube beruht).

„‚Geht nicht‘ gibt’s nicht!“, sagt deine Mutter vielleicht manchmal, wenn du mit „Geht nicht!“ eine lästige Aufgabe loswerden willst. Parmenides hat aus dem „Gibt’s nicht!“ eine Philosophie gemacht.

Kann es Nichts nicht geben? Vom „Es ist!“ des Parmenides

Dieser Philosoph aus dem italienischen Elea hat einfach festgestellt: „Es ist!“ und damit die Schule der Eleaten begründet. Parmenides (er lebte von 515 bis 480 v. Chr.) zerbrach sich den Kopf darüber, ob es Nichts geben könne. Und er kam zu dem Schluss: Worüber ich spreche, das muss es auch geben. Das Gleiche gilt für das, worüber ich nachdenke: Wenn es das nicht gäbe, könnte ich auch nicht daran denken. Also gibt es, wenn ich an Nichts denke, dieses Nichts doch. Dass das Nichts nicht sein soll, war für ihn nur eine Sinnestäuschung. Er glaubte nicht an ein Sein und Werden. Alles, selbst Nichts, ist immer schon da. Parmenides wird auch der erste *Rationalist* genannt, weil er dies alles mit Vernunft und Logik erklärte.

Der **Rationalist** Parmenides lässt als Wahrheit nur gelten, was mit dem Verstand (lateinisch: ratio) begründet werden kann, weil die Sinne uns nur täuschen und die Wirklichkeit deshalb nicht erfassen können.

Nochmal zurück zum Nicht oder Nichts. Stell dir folgende Situation vor: Ein Freund erzählt dir, er sei gestern nicht am Fußballplatz gewesen. Du sagst darauf: „Ja, ich weiß. Ich habe nichts von dir gesehen.“ Was hast du dann gesehen? Kannst du etwas sehen, was nicht da ist? Natürlich nicht. Deinen Freund hast du aber auch nicht gesehen. Was also dann: nichts? Natürlich hast du etwas gesehen, nur deinen Freund nicht. Aber auch nicht nichts. Die Tatsache, dass du ihn nicht gesehen hast, heißt ja nicht, dass es ihn nicht gibt.

Und was ist dann mit Pippis Spunk (siehe Seite 17)? Wenn sie an ihn denkt, muss es ihn auch geben, würde Parmenides sagen. Wenn nicht als Spunk, dann eben als Nichts. Aber das *ist* eben doch. Sonst hätte sie ja nicht darüber reden können.

Mit Parmenides begann in der Philosophie die Ontologie, die Lehre vom Sein.

Ist die Welt ein Puzzle? Wie Demokrit auf die Idee vom ewigen Leben kam

Wie ist das, wenn du dir Fotos aus deiner Kleinkindzeit anschaust? Natürlich hast du dich verändert - und doch wirst du dich wiedererkennen. Du bist ein anderer Mensch - und doch derselbe.

Wenn sich alles ständig verändert, irgendwie aber doch das Gleiche bleibt, dann muss hinter allem etwas stecken, was beides in sich trägt: das zu bleiben, was es ist, und trotzdem seine Form zu ändern. Diese Idee kam dem Philosophen Demokrit von Abdera (460–370 v. Chr.). Er lebte an der Ägäisküste und kam – wie die drei Mileter (Seiten 29 f.) – durch die Beobachtung der Natur zum Philosophieren. Des Rätsels Lösung war für ihn, dass alles aus kleinsten Teilchen bestehen müsse, die ewig sind. Er nannte sie Atome (das bedeutet „die Unteilbaren") und wird deshalb selbst „Atomist" genannt. Diese kleinsten Teilchen, so sagte Demokrit, sind ständig in Bewegung. Sie schwirren im Kosmos herum und setzen sich immer wieder neu zusammen zu dem Ding, das wir dann sehen. Auch der Mensch ist aus Atomen zusammengesetzt, selbst seine Seele. Demokrit ging somit vom ewigen Leben aus. Er hat als Erster ein naturwissenschaftliches Weltbild geschaffen, auch wenn er natürlich kein einziges Ding tatsächlich in diese kleinsten Bestandteile zerlegen konnte. Das ist Wissenschaftlern erst über zwei Jahrtausende später gelungen. Denn mit seiner Theorie, seiner Anschauung, hatte Demokrit tatsächlich ins Schwarze getroffen: Schließlich wissen wir heute, dass alles, selbst der Mensch, aus Atomen zusammengesetzt ist. Dass sie unteilbar sind, haben die modernen Wissenschaftler allerdings mit der Kernspaltung widerlegt. Demokrit wird auch „der lachende Philosoph" genannt. Er soll ein fröhlicher, ausgeglichener Mensch gewesen sein.

Denken, Reden, Handeln

Wortklauber oder Besserwisser: Wer waren die Sophisten?

Sicher kennst du das: Du diskutierst mit deinen Eltern, älteren Geschwistern oder anderen Großen, und immer ziehst du den Kürzeren! Gegen ihre Wortgewandtheit kommst du mit deinen Argumenten einfach nicht an.

Das Wort Sophist wird heute noch als Schimpfwort gebraucht: „Hör doch auf mit deiner Sophisterei!", schimpfen Erwachsene manchmal, wenn ein anderer sie in Grund und Boden redet oder ihnen mit sprachlichen Spitzfindigkeiten auf die Nerven geht.

Was ist die Welt? Woraus ist sie gemacht? Was steckt dahinter? Das waren die Fragen, über die sich die Naturphilosophen im alten Griechenland den Kopf zerbrachen, ohne großartig zu überlegen, was ihnen das im Alltag nutzen könnte. Ihre Nachfolger, die Sophisten, waren da praktischer veranlagt. In zweierlei Hinsicht: Sie interessierten sich weniger für die Dinge im Allgemeinen als für den Menschen – dafür, was und wie er denkt und was er daraus machen kann. Die Sophisten gaben ihr Wissen als Erzieher und Wanderlehrer weiter und ließen sich dafür bezahlen. „Sophist" heißt eigentlich „Lehrer der Weisheit". Aber sie lehrten nicht nur Wissen. Denn was nutzen die besten Gedanken, wenn man sie nicht unter die Leute bringen kann? Wenn du redest und keiner dich versteht? Deshalb unterrichteten die Sophisten ihre Schüler auch in der Redekunst, der Rhetorik. In der griechischen Bürgergesellschaft, in der jeder Freie – das waren alle Bürger außer den Frauen und Sklaven – auf dem Marktplatz, in Volksversammlungen und vor Gericht um Anhänger und/oder Zustimmung werben konnte, war rhetorisches Geschick eine wichtige Fähigkeit.

Viele Zeitgenossen der Sophisten schauten damals, im vierten Jahrhundert vor Christus, verächtlich auf sie herab: Es galt als unsittlich, aus dem Denken und Wissen ein Gewerbe zu machen. Der griechische Geschichtsschreiber und Schriftsteller Xenophon hat die Sophisten sogar „Huren" genannt.

Was ist ein Skeptiker? Protagoras und der Mensch als Maß aller Dinge

Andere Länder, andere Sitten: Reisen bildet, das hast du sicher auch schon festgestellt. Wenn aber in einem Land erlaubt ist, was im anderen als schlechtes Benehmen gilt, was ist dann richtig und was falsch?

Der erste Sophist (siehe voriges Kapitel), Protagoras von Abdera (483 bis ca. 410 v. Chr.), war als Wanderlehrer vierzig Jahre unterwegs. Was er dabei erlebte und erfuhr, brachte ihn zu der Einsicht: Was richtig und was falsch ist, darüber kann es keine allgemein gültige Wahrheit geben. Kein Wunder, dass er sich mit dieser Auffassung Feinde schuf: Sucht doch nicht nur jeder Mensch, sondern auch jede Gemeinschaft, jeder Staat nach Normen, also Gesetzen, die unumstößlich richtig sind. Protagoras dagegen stellte alle Wahrheiten in Zweifel: Wer wie er zu allem und jedem ein „Ja, aber…" hat, wird ein Skeptiker genannt. Dieser Skeptizismus wurde später eine philosophische Richtung. Dass Menschen Dinge unterschiedlich beurteilen, fängt schon im Alltag an. Du sagst vielleicht: „Heute weht ein warmer Wind!" Deine Oma dagegen empfindet „dein" laues Lüftchen noch als viel zu kalt. Protagoras führte den Gedanken noch weiter. Er behauptete: „Der Mensch ist das Maß aller Dinge." Weil er entscheidet, was wie ist. Bei einer solchen Sicht der Welt spielen Gott oder Götter als oberste Instanz für Gut und Böse keine Rolle. Als Protagoras schließlich auch noch sagte: „Über die Götter vermag ich nichts zu wissen, weder dass sie sind, noch dass sie nicht sind", wurde er in Athen wegen Gottlosigkeit und Verführung der Jugend angeklagt und zum Tode verurteilt. Er floh. Bei der Überfahrt nach Sizilien soll er Schiffbruch erlitten haben und ertrunken sein.

Seinen Zweifel an Gott begründete Protagoras so: Ihn zu erkennen, dem stünde vieles im Wege, „sowohl die Dunkelheit der Sache als auch die Kürze des menschlichen Lebens".

Was ist, und was ist nicht? Die „Scherze" des Gorgias

Greif mal in die Luft. Was spürst du? Nichts? Wie kannst du sagen „Ich spüre nichts!"? Wenn du nichts spürst, spürst du doch trotzdem was. Sonst könntest du nicht sagen: Ich spüre nichts. Und doch kannst du es nicht beschreiben.

Mit dem Sophisten Gorgias von Leontinoi (485–380 v. Chr.) gewann die Achterbahn-Fahrt im Kopf so langsam an Fahrt: Er trieb den Skeptizismus, das „Ja, aber …" seines Kollegen Protagoras (siehe voriges Kapitel) auf die Spitze. Mit der Frage nach dem Nichts hatte sich schon Parmenides beschäftigt (siehe Seite 33) und war zu dem Schluss gekommen: „Ist nicht" gibt's nicht! Also: Es ist! Gorgias bewies nun das Gegenteil und erklärte: Es kann überhaupt nichts geben! Wenn es etwas gäbe, könnten wir es nicht erkennen. Und wäre es erkennbar, könnten wir diese „Erkenntnis" nicht weitergeben. Das ist wie mit dem Griff ins Leere. Du sagst zwar, du spürst nichts, kannst das aber weder erkennen noch beschreiben. Deine Empfindung ist dein ganz persönliches Ding, Gorgias nennt es Meinung. Dann, so der Sophist weiter, muss es aber mit dem, was vermeintlich ist, genauso sein. Entweder kann Nichts nicht nicht sein, weil Es auch ist. Oder es gilt: Grundsätzlich ist nichts.

Folgt man Gorgias, ist Rhetorik nicht die Kunst des Redens, sondern die Kunst des Überredens.

Ob der Sophist das wirklich ernst gemeint hat? Vielleicht wollte er auch nur zeigen, was man mit Worten alles machen kann. Auf jeden Fall war er ein gefragter Rhetorik-Lehrer, vor allem für Streitigkeiten vor Gericht. Wenn dort aber siegt, wer besser mit Worten jonglieren kann, was ist dann richtig und was falsch? Nach Gorgias gibt es kein Recht, sondern nur Meinungen, die sich auch ändern können. Woraus er schließt, dass es Wahrheit nicht geben kann.

Wie lernt sich's besser: Wenn ein Lehrer den Stoff runterbetet oder wenn er fragt und ihr die richtige Antwort selber finden müsst? Selbst-Erlerntes merkt man sich besser. Bei der zweiten Methode schläft auch keiner ein ...

Fragen, Fragen, Fragen: Was ist das sokratische Prinzip?

Mit Fragen lernen statt zu belehren: Diese Methode hat einer der größten Philosophen Griechenlands, Sokrates, angewandt. Er lebte von 470 bis 399 v. Chr. und hat seine Athener Mitbürger mit seiner endlosen Fragerei manchmal schier wahnsinnig gemacht. Alle und jeden traktierte er damit – wo immer er ihnen begegnete: auf dem Marktplatz, in den Gassen Athens, egal ob sein Gesprächspartner gebildet oder nur ein einfacher Mann war. Sokrates' Geisteswaffe war das Wort. Aber anders als die Sophisten setzte er sie nicht ein, um Recht zu haben oder zu belehren, sondern um seine Mitmenschen zum Selber-Denken anzuregen. Oft merkten die anfangs gar nicht, wohin er sie lockte: Nahm etwa jemand große Worte wie Tapferkeit, Frömmigkeit oder Tugend in den Mund, wollte Sokrates wissen, was das denn sei. Zu jeder Erklärung fiel ihm wieder eine neue Frage ein. Häufig standen seine „Opfer" am Ende ganz schön dumm da. Von sich selbst sagte Sokrates: „Ich weiß, dass ich nichts weiß." Er meinte damit, dass der Mensch ewig auf der Suche nach dem Wahren und Guten sein müsse. Dabei helfe ihm der Verstand. Sokrates' Kunst des Fragens heißt auch Mäeutik und wurde nach dem Beruf seiner Mutter, einer Hebamme, benannt: Er ging davon aus, dass das Wissen in jedem Menschen vorhanden ist. Er selbst wollte seine Gesprächspartner wie ein Geburtshelfer unterstützen, ihr Wissen zur Welt zu bringen. Er trieb sie zum Gebrauch ihres Verstandes an.

Was wir von Sokrates wissen, hat vor allem sein Schüler Platon (siehe Seite 42 ff.) aufgeschrieben. Er selbst hielt nichts vom Schreiben, angeblich konnte er es noch nicht einmal.

Wer war dieser Sokrates? Wie ein komischer Kauz der Philosophie eine neue Richtung gab

Sokrates war angeblich hässlich, schlurfte barfüßig durch die Stadt und blieb manchmal mitten auf der Straße in Gedanken versunken so lange stehen, bis ihm der rettende Geistesblitz kam. Das konnte Stunden dauern.

Kein Wunder, dass dieser Philosoph auch viel Spott auf sich zog: „Der Narr von Athen“ war noch eine schmeichelhafte Bezeichnung für diesen komischen Kauz. Und doch brach mit ihm in der Philosophie etwas Neues an. Mit seiner nervtötenden Fragerei (siehe vorheriges Kapitel) wollte Sokrates nicht, wie manche Sophisten, seine Mitmenschen rhetorisch aufs Kreuz legen oder gar Geld verdienen. Er ließ sich nicht bezahlen, auch wenn ihm das einen Dauerstreit mit seiner Frau *Xanthippe* einbrachte. Sokrates ging es darum herauszufinden, was das Gute, Wahre und Richtige war.

Er suchte nach dem höheren Sinn hinter dem menschlichen Leben.

Noch heute wird eine streitsüchtige Frau **Xanthippe** genannt. Der Philosoph Friedrich Nietzsche (siehe Seite 110) meinte im 19. Jahrhundert, ohne Xanthippe hätte es keinen Sokrates gegeben: Hätte sie ihn nicht mit ihrem Gezeter aus dem Haus getrieben, wäre er nie geworden, was er war.

Noch heute beschäftigt die Frage nach dem sittlich richtigen Handeln, die Ethik, nicht nur die Philosophen, sondern uns alle. Sokrates meinte: Um richtig zu leben, müssen Reden, Denken und Handeln in Übereinstimmung sein.

Als Ratsherr in Athen war der Sohn eines Steinmetzen und einer Hebamme hoch geschätzt, weil er sich unerbittlich für Gerechtigkeit einsetzte. Mit seiner Fragerei in Athens Straßen aber löste er Verunsicherung aus. Seine Aussage „Ich weiß, dass ich nichts weiß“ war eine Provokation: Wollte er alle verspotten? Aber das Orakel von Delphi, eine Kultstätte, an der die Seherin Pythia befragt wurde, hatte Sokrates doch als den weisesten Griechen bezeichnet! Was Sokrates mit diesem Satz meinte, war: Wenn wir uns vor Augen halten, wie viel es gibt, was wir nicht wissen, ist das, was wir wissen, nur eine lächerliche Kleinigkeit.

Um Sokrates zum Verstummen zu bringen, wurde ihm schließlich wegen Gottlosigkeit und Verderben der Jugend der Prozess gemacht. Die Verteidigungsrede des Sokrates ist ein berühmtes Werk der antiken Literatur. Das öffentliche Philosophieren sei ein Auftrag seiner inneren göttlichen Stimme, meinte der Angeklagte. Der müsse er gehorchen. Diese Stimme sage ihm, er solle den Staat anstacheln wie eine Stechmücke, die ein träges Ross auf Trab bringt. Der Urteilsspruch des Gerichtes lautete: schuldig! Die Strafe: der Tod. Gefragt, welche Strafe er selbst für gerecht halte, setzte Sokrates mit seiner Antwort noch eins drauf: Er forderte lebenslang freie Kost und Unterkunft. Das war damals die Belohnung für die Athleten der Olympischen Spiele. Damit besiegelte Sokrates sein Todesurteil. Eine Flucht lehnte er ab, weil sie einem Schuldeingeständnis gleichgekommen und dem Staat gegenüber illoyal (also respektlos) gewesen wäre. Die Todesstrafe vollstreckte Sokrates selbst, indem er einen Becher mit Schierlingsgift austrank.

Durch seinen Tod wurde Sokrates zum Märtyrer der Philosophie. Ein Märtyrer stirbt lieber, als dass er seine Überzeugung verrät. Sokrates glaubte an ein Leben nach dem Tod. Deshalb hatte er keine Angst vor dem Sterben.

Der Tod des Sokrates

Sind die Dinge, was sie sind? Platons Höhlengleichnis und Ideenlehre

Ihr wollt ein Pferd kaufen. Auf einem Gestüt schaut ihr euch verschiedene an. Dir gefällt ein Apfelschimmel. Doch dein Bruder findet ein braunes schöner. „Ein Pferd", so meint er, „hat braun zu sein!"

So ein Unfug! Auch ein Schimmel oder ein Rappe sind doch richtige Pferde. Doch dein Bruder hat sich einen braunen Zossen in den Kopf gesetzt. Seine Idee von einem Pferd ist braun. Dir ist das eigentlich egal. Brav soll es halt sein.

Es gibt unendlich viele Pferde. Aber wenn wir von Pferden sprechen, weiß jeder, was gemeint ist, auch wenn jedes anders ist. In der Grundform sehen alle Pferde gleich aus und nicht etwa wie ein Schwein. Wieso ist das so? Gibt es ein Muster, nach dem ein Pferd zusammengesetzt ist? Das Gleiche gilt für einen Stuhl, einen Baum … Und wie ist das mit Werten, mit gut und böse, schön und hässlich, gerecht und ungerecht?

Ein Schüler von Sokrates, Platon (427–347 v. Chr.), hatte den Prozess gegen Sokrates mitverfolgt und war tief betrübt über die Verurteilung und den Tod seines Lehrers. Er grübelte darüber nach: War das gerecht? Was ist denn gut und böse? Hatte Sokrates nicht gesagt, es müsse immer das Gleiche sein und hänge nicht von Meinungen ab? Musste es dann nicht für alles, was ist – ob Dinge oder Werte –, eine Grundidee geben?

Platon gründete in einem Hain, der nach der griechischen Sagengestalt Akademos benannt war, eine Philosophenschule, die Akademie. Noch heute werden Leute, die studiert haben, Akademiker genannt.

Platon fragte sich auch: Warum erkennen wir ein Pferd als Pferd? Weil wir die Form von Pferd, die wir im Kopf haben, wiedererkennen, wenn wir eines sehen. Was aber sehen wir? Nur eine Erscheinungsform von Pferd. Denn jedes sieht doch anders aus. Musste das mit gut und böse, gerecht und ungerecht nicht ähnlich sein? Wenn Sokrates von seiner „inneren Stimme" sprach, meinte er damit sein Gewissen. Jeder kennt dieses leise Grummeln im Bauch, wenn man etwas tut, was nicht ganz in Ordnung ist: Dann rührt sich das schlechte Gewissen. Aber warum? Wenn es jedem Menschen so geht, dann muss es auch von gut und böse eine Grundidee geben, die uns allen innewohnt!

Platon machte ausfindig, wie der Mensch diese Ur-Ideen finden kann: Seine Seele (siehe nächstes Kapitel) ist der Mittler zwischen der Sinnen- und der Ideenwelt.

Was wir sehen, hören, fühlen, ist Bestandteil der Sinnenwelt, weil all dieses seine Erscheinungsform ändern kann. Das gilt auch für den Körper des Menschen: Er kommt als Baby zur Welt, wird zum Kind, zum Teenager, zum Erwachsenen und schließlich zum Greis. Wir werden geboren, wir altern und sterben. Die Idee aber von dem, was ein Mensch ist, bleibt gleich.

Die Ur-Ideen sind die unveränderlichen Formen für alles.

Sie sind in der Ideenwelt abgelegt. Platon dachte sich dafür eine Geschichte aus, das Höhlengleichnis: Die Menschen sitzen alle angekettet in einer Höhle, durch deren Öffnung von außen Licht fällt. Sie starren auf eine Wand und sehen dort Dinge, die sie für Bäume, Pferde, Felsen und anderes halten. Es sind aber nur die Schatten der Ur-Formen von Baum, Pferd, Fels, die außerhalb der Höhle sind und von denen die Menschen nichts wissen. Würde einer der Höhlenbewohner nun seine Fesseln abstreifen und nach oben krabbeln, könnte er die wahren Dinge, ihre *ideale* Ur-Form sehen: die perfekte, schönste, eigentliche Form von Baum, Pferd oder Felsen und würde erkennen, dass deren Abbilder in der Höhle nur ein armseliger Abklatsch sind. Käme er nun zu seinen Mitmenschen zurück, würde er ihnen davon erzählen und versuchen, sie dazu zu bewegen, mit ihm in die richtige Welt, die Ideenwelt, aufzusteigen. Diese Aufgabe, die Ur-Form zu finden, haben – so Platon – die Philosophen.

Ideal ist der Inbegriff der Vollkommenheit. Schöner und besser kann etwas nicht sein. Es entspricht hundertprozentig der Idee, die einem Ding zu Grunde liegt.

Wer ist der beste Herrscher? Platons Idee von Seele, Staat und Liebe

Wer soll einen Staat regieren? Am besten der Beste! Der Beste ist der, der am weisesten ist. Für Platon waren das - wie soll es anders sein? - die Philosophen. Den Staat verglich Platon mit der Seele.

Platons Seele ist ein Drei-Gespann: Das Pferd an der Spitze ist die Vernunft, die beiden anderen Rösser sind der Mut und die Begierde. Wenn die Vernunft es schafft, das Sinnliche und die Triebe zu beherrschen, kommt die Seele zur Erkenntnis der Ideenwelt und taucht selbst in sie ein. Das Streben danach wird platonische Liebe genannt. Wir verstehen heute unter platonischer Liebe, wenn jemand einen anderen Menschen liebt, ohne mit ihm kuscheln oder gar schlafen zu wollen. Aber auch der Eros, die sinnliche Liebe, hat für Platon nichts mit Sex zu tun: Für ihn war Eros die Philosophie, das Streben nach Weisheit.

Die Politeia, Platons Vorstellung vom idealen Staat, ist eines seiner Hauptwerke.

Dreigeteilt wie die Seele – Vernunft, Mut und Begierde – sollte nach Platons Meinung auch die menschliche Gemeinschaft, der Staat, sein. Er teilte die Menschen in drei Stände ein – vergleichbar den Kasten der alten, religiös begründeten Staatsphilosophie der Inder. Die Philosophen, Platons oberster Stand, sollten den Staat leiten, weil sie die nötige Weisheit besitzen. Die Soldaten, der zweite Stand, sind für den Schutz des Staates zuständig. Das übrige Volk sorgt dafür, dass die Menschen zu essen haben und mit allem, was sie brauchen, versorgt werden: Bauern, Handwerker und Seeleute sind sein dritter Stand.

Platon glaubte an die Seelenwanderung. Denn ein Leben reicht für die Seele nicht aus, um in die Ideenwelt einzugehen.

Wie die Seele muss der Staat nach den Kardinal- oder Haupttugenden streben: der Weisheit, der Tapferkeit und der Mäßigung. Werden diese drei erfüllt, stellt sich die vierte Tugend, die Gerechtigkeit, ein. Diese vier Kardinaltugenden liegen der Ethik, der Sittenlehre, zu Grunde.

Was ist Logik? Wie Aristoteles mit Begriffen richtige Schlüsse zog

Alle Menschen sind sterblich. Alle Philosophen sind Menschen. Also sind alle Philosophen sterblich. Ist doch logisch, oder? Der Erfinder der Logik war ein Schüler Platons, Aristoteles.

Platon forschte in der metaphysischen, also der mit den Sinnen nicht fassbaren Welt, nach den Ur-Ideen (siehe Seite 43). Sein Schüler Aristoteles (384–322 v. Chr.) dagegen glaubte nicht an eine über-irdische Idee, sondern daran, dass alles und jedes seinen Sinn und Zweck in sich selber trägt. Mehr noch: dass alles, was lebt, danach strebt, dieser seiner Bestimmung am besten gerecht zu werden. Dazu, so sagt Aristoteles, muss man wissen, dass alles aus Stoff und Form besteht: Die Form ist es, die dem Stoff, dem Material, seinen Zweck gibt. Aber auch die Form allein bewirkt nichts ohne den Stoff. Beide gehören zusammen. Das war Aristoteles' Lehre vom Sein, die Ontologie. Stell dir als Beispiel vor: Du hast ein Stück Baumwoll-Stoff. Was kannst du damit anfangen? Nicht viel. Auch ein Schnittmuster allein nutzt dir nichts. Bringst du nun beides zusammen, kannst du ein Kleid daraus nähen.

Aristoteles entwickelte auch die Syllogistik, die Lehre vom richtigen Schlüsse-Ziehen. Er sagte: Um herauszufinden, was wozu gehört, musst du die Dinge erst in eine Ordnung bringen. Es muss Begriffe für sie geben, aus denen du schließen kannst, was welchen Zweck erfüllt. Aristoteles wurde damit zum Begründer der *Logik* in der Philosophie. Damit werden Aussagen („Alle Menschen sind sterblich", „Alle Philosophen sind Menschen") und deren Beziehungen zueinander schlüssig, also folgerichtig, zusammengebracht („Also sind alle Philosophen sterblich"). Mithilfe der Logik kann der Mensch erkennen, was wahr und was falsch ist.

Ein Gegner von Aristoteles, Eubulides von Milet, hat gezeigt, dass man mit Begriffen auch bluffen kann. Sein berühmtestes Paradox geht so: „Wenn ein Lügner sagt, dass er lügt, dann bedeutet das, dass er sowohl lügt als auch die Wahrheit spricht, denn wenn er die Wahrheit sagt, so lügt er, und wenn er lügt, so lügt er nicht, sondern sagt die Wahrheit." Alles klar?

Logik heißt ursprünglich „Kunst des Denkens".

Wie lebt der Mensch richtig? Von der Natur zum Staat

„Der Schüler/die Schülerin blieb hinter seinen/ihren Möglichkeiten zurück.“ Stand das schon mal in deinem Zeugnis? Dann gab's zu Hause sicher Ärger. Aber ob deine Eltern auch wissen, dass dein Lehrer mit dieser Beurteilung auf Aristoteles' Spuren gewandert ist?

Aristoteles' Weg zur Philosophie begann mit dem Sezieren von Fröschen und anderem Getier. Dabei erkannte er, dass ein Organismus nur durch das Zusammenspiel der einzelnen Teile, der Organe, leben kann. Damit das Ganze funktioniert, muss jedes Teil sein Bestes geben. Aristoteles war der Sohn eines Arztes. Vielleicht nahmen seine philosophischen Erkenntnisse deshalb ihren Ausgang in der Erforschung der Natur. Er untersuchte alles, was lebt: Pflanzen, Tiere und schließlich den Menschen und hoffte, so das Wesen der Natur zu erfassen und zu verstehen, worin ihr Ziel und Zweck besteht. Dazu gab er der Welt eine Ordnung. Bei den Lebewesen fand er zuunterst die Pflanzen, deren Bestimmung es ist, zu wachsen, zu blühen und Früchte zu tragen, damit sie sich vermehren können. Tiere können zusätzlich Schmerz empfinden und sich fortbewegen. Darüber steht der Mensch, weil er obendrein noch denken kann. Seine Aufgabe ist es also, aus dieser Fähigkeit das Beste zu machen. Nichts anderes hat dein Lehrer mit dem Satz im Zeugnis gemeint: Du könntest mehr, wenn du dich deinen Möglichkeiten entsprechend angestrengt hättest … Dieses „das Beste aus den Möglichkeiten des Denkens machen“ heißt für den Menschen, die Welt zu erkennen.

Wenn alle Wesen danach streben, die ihnen innewohnenden Möglichkeiten auszuschöpfen, muss irgendetwas dieses Streben in Gang gesetzt haben. Das aber kann nur etwas sein, was selbst so vollkommen ist, dass es sich nicht mehr in Richtung Vollkommenheit bewegen muss. Dieses große Unbewegte nennt Aristoteles den „Beweger des Bewegten“. Und das ist für ihn Gott.

Doch weiter mit Aristoteles: Vollkommen wird das Leben des Menschen nur, wenn er auch glücklich ist. Auch das hat er selbst in der Hand: Indem er das für sich richtige Mittelmaß zwischen dem, was ihm Lust verschafft – der Begierde –, und dem, was er kann – seinen Fähigkeiten – findet. Dazu empfahl Aristoteles: Seid großzügig! Denn Großzügigkeit liegt zwischen Verschwendung und Geiz. Seid tapfer! Das ist die gesunde Mitte zwischen Selbstüberschätzung („Ich kann alles!") und Feigheit („Ich trau mich nicht!").

Die höchste Tugend, die der Mensch erreichen kann, ist für Aristoteles die Weisheit.

Sie macht das Glück des Menschen vollkommen. Bei Platon war das die „dreispännige Seele" (siehe Seite 44), in der die Vernunft den Mut und die Begierde zügelt. Wenn die Vernunft regiert, wird der Mensch sich nicht selbst zerstören. Das gilt noch heute.

Aristoteles' Suche nach der Vollkommenheit erstreckte sich aber nicht nur auf den Einzelnen, sondern auch auf die Gemeinschaft. Denn für die ist der Mensch geboren, schon damit er sich, wie alle Lebewesen, fortpflanzen kann. Weil die Menschen damals in der *Polis* zusammenlebten, hat Aristoteles den Mensch als solchen ein „politisches Wesen" genannt.

Polis
griechischer Stadtstaat

Aristoteles mit seinen Schülern

Gib Gas! Ich will Spaß! Wer waren die Epikureer?

Wie wäre das: Geld in Hülle und Fülle. Schokolade, Hamburger, Pommes - was immer du willst - satt! Ständig Party, immer Spaß. Ein Leben im Genuss: Müsste das nicht der Himmel auf Erden sein?

Andererseits: Immer nur lustig kann auch schnell langweilig werden. Ein Leben ohne Wünsche, ohne Höhen und Tiefen wäre letztlich ziemlich fad. Ein Mensch, der nur aufs Genießen aus ist und sich's wohl sein lässt, wird Hedonist (von griechisch *hedoné* = Genuss) oder Epikureer genannt. Und das ist nicht unbedingt freundlich gemeint. Epikur war ein Philosoph aus Samos (341–270 v. Chr.), für den die Lust das höchste Gut des Lebens war. Er und seine Anhänger, die Epikureer, wurden deshalb als „Wüstlinge“ oder „epikureische Schweine“ beschimpft. Dabei betonten seine Schüler, Epikur habe mitnichten ein üppiges Leben geführt. Mit Lust meinte er vielmehr, dass jeder sein persönliches Glück suchen und so die Seele ins Gleichmaß bringen soll. Wahre Lust ist für Epikur gerade so viel Vergnügen, dass kein Schaden daraus erwachsen kann: Der echte Genießer lässt sich sein Gläschen Wein wohl schmecken, betrinkt sich aber nicht. Bei Epikur findet die wahre Lebensfreude ausschließlich im Privaten statt: Von Ämtern oder gar Politik hielt er nichts. Schließlich soll der Mensch alles meiden, was ihm Aufregung oder gar Schmerzen bringen könnte.

Philosophie ist für Epikur der Weg zur Lust: „Wer jung ist, soll nicht zögern zu philosophieren, und wer alt ist, soll nicht müde werden im Philosophieren. Denn für keinen ist es zu früh und für keinen zu spät, sich um die Gesundheit der Seele zu kümmern.“

Epikurs Leitsatz: „Man kann nicht lustvoll leben, ohne zugleich vernünftig zu leben und umgekehrt nicht vernünftig, ohne lustvoll zu leben.“

Sogar dem Tod schlug Epikur ein Schnippchen. Er glaubte an die Teilchenlehre des Demokrit (siehe Seite 34), nach der auch die Seele aus unzähligen Atomen besteht, die nach dem Leben auseinander fliegen. Deshalb muss der Mensch den Tod nicht fürchten. Denn: „Solange ich lebe, ist der Tod nicht da. Und wenn der Tod da ist, bin ich nicht mehr.“

Was ist stoische Ruhe? Zenons Pflichtapostel in der Säulenhalle

Manche Menschen kann nichts aus der Ruhe bringen. Ob große Hektik herrscht oder wieder mal alles schief geht: Sie wirft nichts aus der Bahn. Dann sagt man: „Der ist von stoischer Ruhe."

Die Stoa war eigentlich eine Säulenhalle in Athen, in der sich der Philosoph Zenon von Kition (334–263 v. Chr.) mit seinen Schülern traf. Seine Anhänger wurden Stoiker genannt. Zenon war das krasse Gegenstück zu Epikur (siehe vorheriges Kapitel). Lust und Vergnügen waren ihm ein Gräuel, Pflicht und Disziplin der Lebensmittelpunkt. Angeblich hat man das Zenon auch angesehen: Er strahlte Strenge aus und soll sehr groß und hager gewesen sein. Zenon glaubte, dass es für die Welt und die Natur eine unumstößliche Ordnung gibt. Der Mensch ist nicht nur Teil dieser Ordnung, sondern spiegelt sie auch wider: Er ist ein *Mikro*-kosmos im großen Universum, dessen Gesetze auch für ihn gelten. Über allem steht eine Seele, die höchste Vernunft. Und diese Seele ist Gott. Die Philosophie wiederum ist für Zenon die Kunst, vernünftig zu leben. Die Stoiker glaubten an so etwas wie Schicksal. Wenn die große Ordnung aber festgelegt ist, macht es keinen Sinn, gegen irgendetwas zu rebellieren. Daher kam Zenons stoische Ruhe. Wahre Ruhe erreicht aber nur, wer so lebt, dass sein Leben mit der inneren Natur, der vorgegebenen Ordnung, vollkommen in Übereinstimmung steht. Von Besitz und Reichtum hielten die Stoiker nichts: denn die kann man verlieren. Nicht so die Tugend: weil niemand einen Menschen seiner inneren Würde berauben kann. Wer Leidenschaft und Lust erst gar nicht kennt, dem geht nichts ab, wenn man sie ihm verwehrt. Frei nach dem Motto: Was ich nicht weiß, das macht mich nicht heiß.

mikro sehr klein

Der Stoizismus wurde von den Römern aufgegriffen. Rund 400 Jahre später regierte in Rom ein Philosophenkaiser (siehe auch Platon, Seite 44) und Stoiker, Marc Aurel.

Was gehen uns die alten Griechen an?

Die antiken Philosophen sind seit weit über 2 000 Jahren tot. Warum interessieren sie uns immer noch? Weil sie als Erste die Fragen stellten, die noch immer die Fragen der ganzen Menschheit sind.

Etliche ihrer Antworten, vor allem die der Naturphilosophen, sind längst überholt. Die Grundregeln der Logik dagegen, Aristoteles' Lehre vom richtigen Schlüsseziehen wenden wir heute noch an.

In der Ethik (der Anleitung zum sittlich richtigen Leben des Menschen in der Welt) fängt jedes Nachdenken mit denselben Überlegungen wie bei den alten Griechen an. Besonders hell leuchten noch heute die Ideen des philosophischen Dreigestirns Sokrates, Platon und Aristoteles. Nicht nur wer Philosophie studiert, fängt mit der Lektüre ihrer Gedanken an: Welche Verantwortung hat jeder von uns für sich und für andere? Gibt es Rechte und Pflichten, die für alle Menschen, egal wo sie leben und wer sie sind, gelten sollten? Der Politik gaben die großen drei Griechen sogar den Namen. Noch heute wird die Kunst, das Zusammenleben von Menschen bestmöglich zu organisieren, Politik genannt. In der Politik nehmen die Menschen selbst durch ihre gewählten Vertreter die Verantwortung für sich und die, die zusammenleben, in die Hand. Die Griechen haben das mit einem treffenden Begriff auf den Punkt gebracht.

Mit manchen philosophischen Weisheiten ist es wie mit der Erfindung des Rades: Sie sind so gut, dass man sie nicht verbessern kann. Wichtig ist, dass der Mensch in seiner Zeit mit dem neuen Wissen, das er hinzugewonnen hat, das jeweils Beste daraus macht.

Näher, mein Gott, zu dir!

Wie viel Freiheit braucht das Denken? Gott als Segen oder Fluch

Was machen Vogeleltern mit ihrem Kind? Sie füttern es, bis es kräftig genug ist, um zu fliegen. Dann schubsen sie es aus dem Nest, weil es seinen eigenen Weg ins Leben finden muss. Nur so kann es überleben, wenn seine Eltern nicht mehr sind.

Deine Eltern machen das ähnlich: Sie ziehen dich groß und geben dir alle Möglichkeiten, etwas zu lernen. Die Freiheiten, die sie dir zugestehen, wachsen, je älter du wirst. Nicht von all deinen Ideen sind sie begeistert. Aber sie wissen: Du musst eigene Erfahrungen machen, damit du eines Tages sicher auf deinen Beinen stehst. Aus dem, was sie dir vermittelt haben, und dem, was du selbst erfährst, entsteht das Wissen, das dich durch dein Leben trägt. Du weißt, den Grundstein dafür haben deine Eltern gelegt.

Ein wichtiges Thema der Philosophie im Mittelalter war die Suche nach Beweisen für Gott.

Nach dem Altertum wurde der christliche Glaube zur Zuflucht – eine Zuflucht, die ein Mensch sonst nur in seiner Familie finden kann. Die Heilsbotschaft von dem verzeihenden Gottvater hatte schnell großen Erfolg. In der Philosophie machte die Lehre des Christentums manches Kopfzerbrechen leichter: Wenn das Leben nach dem Tod bei Gott seine Fortsetzung findet, ist die Frage nach dem Glück gelöst.

Je mehr weltliche Macht die christliche Kirche aber bekam, umso mehr hat sie die Freiheit ihrer „Kinder" beschnitten, statt ihnen Flügel zu verleihen. Zwar förderte sie die Wissenschaften, indem sie das alte Wissen sammelte und Gelehrsamkeit für sie eine wichtige Aufgabe war. Gleichzeitig bestimmte sie aber, was davon nach außen drang, und forderte, dass alles Wissen bei Gott seinen Anfang und auch sein Ende nahm.

Dem Denken wurde Gott voran- und als einziges Ziel an sein Ende gestellt. Auch die griechische Philosophie kannte Götter. Doch die waren weder Ursprung noch Mittelpunkt des Denkens, sondern bestenfalls ein Ausweg, wenn sich keine andere Antwort auf die Fragen nach Erkenntnis und Glück mehr fand. Diese Götter oder diese Weltseele war für die Philosophen keine über allem schwebende Macht, der der Mensch verpflichtet oder ausgeliefert war. Auch wer oder was die Götter waren, spielte keine entscheidende Rolle. Der letzte der griechisch-römischen Philosophen, Plotin (205–270 n. Chr.), sagte: „Von Gott können wir nur sagen, was er *nicht* ist, was er aber ist, können wir nicht sagen."

Die christliche Kirche dagegen beschrieb ihren Gott ganz genau.

Die Botschaft von Jesus Christus lautet: Jeder Mensch kann auf Erlösung hoffen. Die christliche Kirche als *Institution* fügte als Bedingung hinzu: … wenn er sich an unsere Gesetze hält. Welche das waren, das schrieben ihre „Väter" (der Papst, die Bischöfe, die Geistlichkeit) vor. Je mehr sie an weltlicher Macht gewannen, umso mehr bestimmten sie, was im Namen Gottes erlaubt und was verboten war. Die Freiheit des Denkens endete jetzt dort, wo die Kirche sich in ihrer Macht gefährdet sah.

In einer **Institution** (von lateinisch: instituere = einrichten) wird eine Idee oder Aufgabe umgesetzt, verwaltet und geleitet. Auch Schulen sind zum Beispiel Institutionen: Dort werden die Idee und die Aufgabe, jungen Leuten Wissen zu vermitteln, umgesetzt.

Diese Zeit vom vierten bis zum 14. Jahrhundert wird deshalb „das dunkle Mittelalter" genannt. Die Philosophie wurde zur Magd des Glaubens, weil sie den Zweck hatte, Gott zu erklären und die christliche Lehre so auszulegen, dass die Kirche noch mehr Macht bekam. Wer ihren *Dogmen* widersprach oder sie gar in Frage stellte, wurde als Ketzer verfolgt. Viele Menschen wurden deshalb umgebracht. Es sollte tausend Jahre dauern, bis diese Zeit ein Ende nahm.

Ein **Dogma** ist ein unumstößlicher Glaubensgrundsatz.

Wo kommt das Böse her? Augustinus – der Kirchenvater als Philosoph

Mit einem Fuß in der Antike, mit dem anderen im Christentum: So suchte Augustinus, der Philosoph, der später Bischof wurde, nach der Antwort auf die Frage, wie das Böse auf die Welt gelangen konnte.

„Wir sind zu schwach, mit der bloßen Vernunft die Wahrheit zu finden. Deshalb ist uns die Autorität der heiligen Schriften vonnöten.“ Augustinus

Augustinus (354–430 n. Chr.) hatte ein wildes Leben geführt, bis er sich mit 33 Jahren taufen ließ. Später wurde er sogar Bischof im afrikanischen Hippo. Augustinus hing Platons Ansicht an, dass der Mensch in eine höhere Seele, in die Welt der Ideen eingehen könne. Diese höchste Idee war für ihn jedoch fassbar: als der Gott der Bibel, der alles erschaffen hat. Wenn Gott aber das Höchste und Beste und Schöpfer von allem ist, wo kommt dann das Böse her? Das Böse, so Augustinus, ist die Abwesenheit Gottes. Denn an und in Gott ist alles gut. Der Mensch spürt die Abwesenheit Gottes in der Unruhe, die ihn erfasst, weil er in seinem Innersten nach dem Guten strebt. Auch dieses Streben hat Gott in Gang gesetzt.

Den Ursprung des Bösen fand Augustinus in einer Geschichte in der Bibel und gilt deshalb als Entdecker der Erbsünde: Mit dem Griff Adams und Evas nach der verbotenen Frucht hatten die Menschen das erste Mal gegen den Willen Gottes verstoßen und so die Sünde in die Welt gebracht.

Die antiken Philosophen gingen davon aus, dass die Welt ursprünglich aus Chaos bestand, das von den Göttern bestenfalls geordnet wurde. Für Augustinus war der eine Gott der Ursprung von allem. Gott hat auch vorbestimmt, wem Erlösung winkt und wem ewige Verdammnis droht. Wo aber liegt dann die Freiheit des Menschen? In der Hinwendung zum Guten, sagt Augustinus. Auch wenn man nicht weiß, ob man zu den Auserwählten gehört, ist es sicherer, im Glauben Gutes zu tun.

Dass sich die Gelehrten des Mittelalters überhaupt mit der antiken Philosophie beschäftigten, ist vor allem Severinus Boethius zu verdanken. Er übersetzte Aristoteles' Schriften zur Logik ins Lateinische.

Was ist Gottes Vorsehung? Boethius' Trost der Philosophie

Berühmt wurde Severinus Boethius durch sein Buch „Trost der Philosophie". Er schrieb es im Gefängnis, während er auf seine Hinrichtung wegen Verrats wartete. Boethius, 480 geboren, war Konsul in Rom, fiel dann aber in Ungnade und wurde 524 hingerichtet. Von ihm stammt der berühmte Spruch: „Si tacuisses, philosophus mansisses" – „Hättest du geschwiegen, wärest du ein Philosoph geblieben." Boethius dachte über eine Frage nach, die im 19. Jahrhundert nochmal hochaktuell werden sollte: Hängt das, was der Mensch ist, von den Umständen, der Zeit und der Umgebung ab, in denen er lebt? Ist er also unweigerlich ein Produkt seiner Zeit? Fast 1 500 Jahre später formulierte Karl Marx (siehe Seite 108 f.) die Frage vor dem Hintergrund der Industrialisierung neu: Bestimmt das Sein das Bewusstsein oder das Bewusstsein das Sein? Lebe ich vor dem Hintergrund meines Wissens, oder hängt mein Wissen davon ab, wie ich lebe? Boethius' „Trost der Philosophie" ist ein Gespräch des Autors mit der „Philosophia", die in Gestalt einer Frau auftritt und ihm hilft, nicht an seinem Schicksal zu verzweifeln. Der Philosoph griff darin Augustinus' (siehe vorhergehendes Kapitel) Frage auf, wie viel Freiheit der Mensch noch hat, wenn Gott im Voraus weiß, was geschehen wird. Boethius ging die Frage mit Logik an: Gott könne nur voraussehen, was tatsächlich geschehen wird. Was nicht geschehe, könne er auch nicht vorher wissen. Das eine bedingt also das andere: Ohne das Geschehen kann es keine Vorsehung geben.

„Zum Denken gehört die Freiheit des Willens. Ohne sie ist Denken unmöglich." Das sagt die „Philosophia" im „Trost der Philosophie" zu Boethius.

Boethius' Philosophie über Vorsehung und Geschehen ist so ähnlich wie die Frage: Was war zuerst - die Henne oder das Ei?

Erst glauben, dann denken oder umgekehrt? Was war die Scholastik?

Trotz allen Kirchenzwangs kamen die mittelalterlichen Gelehrten an der Philosophie natürlich nicht vorbei. Weil auch die Natur zu Gottes Schöpfung gehört, wurde vor allem Aristoteles neu entdeckt.

Vielleicht erinnerst du dich: Aristoteles' Philosophieren begann mit der Erforschung der Natur (siehe Seite 46). Die Lust am Denken und das Streben nach Wissen kann man nicht einfach ausknipsen, auch nicht in Klöstern. Und Gelehrsamkeit fand im Mittelalter ausschließlich dort statt. (Vielleicht war der Dreh mit der Schöpfung aber auch für die Mönche und Priester einfach nur eine willkommene Ausrede, den Dingen weiterhin auf den Grund zu gehen …) Da Aristoteles' Denken aus der vorchristlichen Zeit stammte, bekamen die Glaubensbrüder ein Problem: Welches Verhältnis haben Wissen und Glaube zueinander? Kann ich die Wahrheit ergründen und verstehen, ohne zu glauben? Oder brauche ich den Glauben, um die Wahrheit überhaupt verstehen zu können? Um dieses Problem kreiste das Denken der Scholastiker zwischen dem neunten und 13. Jahrhundert.

Der französische Philosoph Abaelard (1079–1142) löste den Universalienstreit so: In der Wirklichkeit sind Dinge und Begriffe ein und dasselbe. Für Gott waren sie zuerst als Idee da. Der Mensch sieht erst die Dinge und erkennt dann den Begriff dafür.

Scholastik heißt eigentlich Schulwissen. In den Klöstern wurde das Wissen aus Philosophie und Theologie, der Wissenschaft vom Glauben, gesammelt.

Die *Scholastik* nahm eine Frage wieder auf, an der sich schon Platon und Aristoteles die Zähne ausgebissen hatten: die nach den Universalien, den Ideen oder Begriffen, die wir für die Dinge haben. Platon war davon ausgegangen, dass hinter jedem Ding eine Idee steht (siehe Seite 42 f.). Die Universalien waren also als Erste da. Aristoteles dagegen war der Auffassung, dass die Universalien lediglich die Namen sind, die die Dinge später bekamen. Oder sind die Ideen etwa in den Dingen selbst, ist also beides eins? Dieser Universalienstreit beherrschte das ganze Mittelalter.

„Nun denk doch mal nach!“ Wie oft hast du dir das schon von deinen Eltern anhören müssen? Eigentlich meinen sie damit ja nur: Wenn du schon Kopf und Verstand hast, dann setz sie auch ein!

Darf ich wollen, was ich will? Das Menschenbild des Johannes Scotus Eriugena

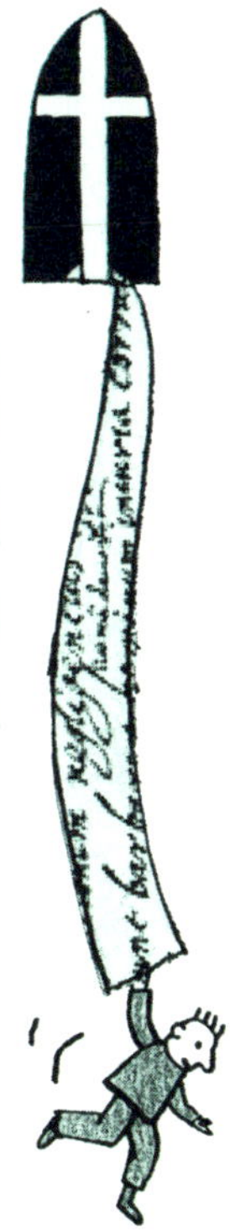

Ähnliches muss sich Johannes Scotus Eriugena (ca. 800–877) gedacht haben: Wenn Gott dem Menschen, den er laut Bibel nach seinem Vorbild geschaffen hat, schon die Fähigkeiten des Denkens und Verstehens gegeben hat, dann doch wohl nur, um sie bestmöglich einzusetzen! Damit waren für ihn zwei Fragen gelöst: die nach der Rangfolge von Glaube und Verstand und die, ob der Mensch einen eigenen Willen hat. Zum Verhältnis von Glauben und Wissen sagte Eriugena: Beide sind Quelle der Erkenntnis. Sie sind unabhängig voneinander. Schließlich hat ja auch jemand, der nicht glaubt, etwas im Kopf. Deshalb können sie sich gar nicht widersprechen. Gibt es doch einen Zusammenstoß, so muss der Mensch auf seine Vernunft vertrauen. Es könnte ja sein, dass er die Offenbarung nur falsch verstanden hat. Damit hat sich der irische Mönch bei der Kirche natürlich gehörig in die Nesseln gesetzt. Wahre Religion war für den Mönch wahre Philosophie und umgekehrt. Ebenso ist es mit der Entscheidungsfreiheit, dem, was der Mensch will: Wenn das Streben nach dem Guten von Gott mit Wohlwollen betrachtet wird, muss es ja auch das Gegenteil geben. Sonst ist keine Unterscheidung möglich, kann das eine nicht mit einer guten, das andere mit einer schlechten Note bewertet werden. Und wenn Gott den Menschen nach seinem Ebenbild geschaffen hat, ist das Streben nach dem Guten dem Menschen immanent, das heißt, es ist grundsätzlich in ihm drin. Also hat er auch die Freiheit zu tun, was er will.

Kann man Gott beweisen? Anselm von Canterbury: glauben, um zu denken

Erst wollte er ins Kloster und durfte nicht. Dann durfte er und musste gezwungen werden, Abt zu sein. Er hasste nichts so sehr, wie mit seinen Schülern Latein zu pauken. Das war ihm ein echter Gräuel!

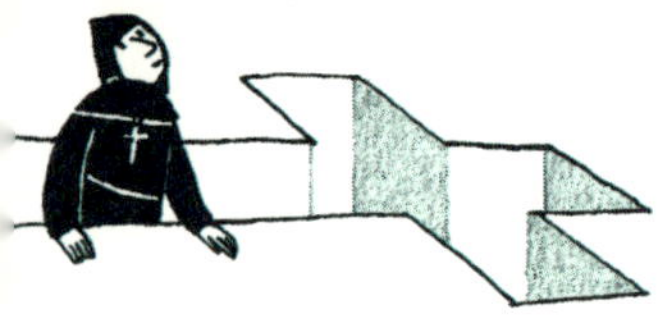

Der Bischof von Canterbury, Anselm (1033–1109), hatte schließlich Wichtigeres zu tun: Er hat als Erster versucht zu beweisen, dass es Gott tatsächlich gibt. Anselm gilt als eigentlicher Vater der Scholastik. Mit seinen Überlegungen haben sich viele (nicht nur christliche) Philosophen in den folgenden Jahrhunderten herumgeschlagen, bis hin zu einem der größten deutschen Denker, Immanuel Kant (siehe Seite 92 ff.). Was die Beziehung von Glauben und Wissen anbelangt, hatte sich der Sohn eines Edelmannes aus dem italienischen Aosta schnell entschieden: „Ich glaube, damit ich verstehen kann." Für ihn kam zuerst der Glaube und dann der Verstand. Glaube allein reichte ihm allerdings auch nicht aus, weil der Glaube selbst nach Einsicht sucht. Also wird der Mensch für Anselm überhaupt erst durch den Glauben zum Wissen gedrängt. Für Anselm selbst hieß das: Er musste einen Beweis dafür finden, dass Gott existiert. Diesen Beweis führte er so: Gott ist das Größte, was wir uns denken können. Wenn er das ist, kann er aber nicht nur in unserem Verstand sein, sondern muss auch tatsächlich existieren. Sonst wäre er ja nicht vollkommen. Das aber kann Gott nur sein, wenn es ihn auch gibt. Denn etwas, was im Verstand vorkommt und zugleich existiert, ist größer als etwas, was es nur im Verstand gibt. Ist Gott aber das Größte, dann muss er also auch sein. Kant widersprach später: Sein ist keine Eigenschaft. Seine Erklärung: „Hundert wirkliche Taler enthalten nicht das Mindeste mehr als hundert mögliche!"

Wenn der Mensch unterscheiden will, was mehr und was weniger gut ist, braucht er einen Maßstab: ein absolutes Gutes. Und das, so Anselm, ist Gott. Ohne ihn ist deshalb eine Unterscheidung zwischen gut und böse nicht möglich.

Er war so dick, dass an seinem Pult angeblich eine Rundung für den Bauch ausgeschnitten war. Und weil er nicht gern sprach, wurde er „stummer Ochse" genannt: Thomas von Aquin.

Kann ein stummer Ochse brüllen? Die fünf Gottesbeweise des Thomas von Aquin

„Das Brüllen dieses stummen Ochsen wird so laut werden, dass es die ganze Welt erfüllt!" So rüffelte Thomas' Theologie- und Philosophielehrer Albertus Magnus dessen Mitschüler für ihren Spott. Und in der Tat: Thomas (1225–1274) wurde zum Glaubenslehrer der katholischen Kirche schlechthin. Seine Lehre wurde sechshundert Jahre später von Papst Leo XIII. für wahr und verbindlich erklärt. Als das gilt sie der römisch-katholischen Kirche bis heute. Der wortkarge Gelehrte stellte fünf Beweise für die Existenz Gottes auf. Zuallererst versöhnte er aber Vernunft und Glauben, indem er sagte: Vernunft und Glaube kommen in Gott überein. Beides stammt von Gott. Er gibt der Vernunft erst ihre Möglichkeiten. Thomas von Aquin griff die Stufen-Lehre (Pflanze – Tier – Mensch) des Aristoteles (siehe Seite 46) auf und stimmte ihm zu, dass die letzte Ursache für alles der „unbewegte Beweger des Bewegten" sei. Auch wenn das für Aristoteles natürlich noch nicht der Christengott war. Das war Thomas' erster Gottesbeweis. Sein zweiter: Alles, was seine Ursache in der Welt hat, muss auf eine erste Ursache, die nur Gott sein kann, zurückzuführen sein. Weiter schließt er, dass alles in der Welt für die Vollkommenheit des Einen notwendig ist. Wenn aber alles einen Zweck hat, muss dahinter eine göttliche Intelligenz stehen, die die höchste Stufe allen Wissens und Seins ist. Da alles Seiende stufenweise nach oben immer vollkommener wird, muss es an oberster Stelle ein absolut Vollkommenes geben. Und auch das ist Gott.

Thomas von Aquin wurde 1323 heilig gesprochen. Von ihm stammt die Bezeichnung der Philosophie als „Magd des Glaubens".

Die Zeit des Thomas von Aquin wird Hochmittelalter genannt: Danach ging es mit der Vorherrschaft der Kirche über das Denken bergab.

Ist Nichts berechenbar? Arabische Philosophen und das Geheimnis der Null

Alle Menschen wollen Wissen: Uns fallen beim Stichwort „Philosophie“ die Namen der alten Griechen und westeuropäischen Denker ein. Philosophie fand aber auch anderswo statt.

Der indische Religionsstifter Buddha mit seiner Lehre vom Nirwana (siehe Seite 27) oder Jesus Christus mit seiner Botschaft von Liebe und Erlösung waren in gewisser Weise auch Philosophen. Mit dem Begründer des Islam, dem Araber Muhammad (570–632), kommt ein dritter Religionsbegründer hinzu. Er schrieb den Koran, die heilige Schrift der Muslime, nieder und gab damit auch wichtige Anstöße für die Philosophie. Im Zeichen seiner Lehre zerbrachen sich islamische Gelehrte über ähnliche Fragen den Kopf wie die christlichen Denker des Mittelalters. Ihnen kommt obendrein ein besonderes Verdienst zu: Es waren arabische Philosophen, die die Werke von Aristoteles und Platon nach Westeuropa mitbrachten und so dafür sorgten, dass sie ins Lateinische übersetzt und den christlichen Gelehrten – nicht zuletzt Thomas von Aquin (siehe vorheriges Kapitel) – zugänglich gemacht wurden. Die arabischen Philosophen Avicenna, der eigentlich Ibn Sina hieß (980–1037), und Averroes (Ibn Ruschd, 1126–1198) hatten mit ihren Aristoteles-Studien einen neuen Anstoß zum Nachdenken über die Universalien (siehe Seite 56) gegeben. Die beiden waren Philosophen und Naturwissenschaftler, nämlich Ärzte. Ebenso wie Maimonides, ein jüdischer Religionsphilosoph, dessen arabischer Name Ibn Maimon war (1135–1204). Auch diese drei zerbrachen sich darüber den Kopf, was Glaube und Verstand miteinander zu tun haben, ob eines vom anderen abhängt, beide nebeneinander stehen oder das eine dem anderen widerspricht. Sie kamen wie später auch die christlichen Gelehrten zu dem Schluss, dass die Glaubenswahrheiten im Koran und in der Bibel Vernunfterkenntnissen nicht widersprechen. Im Zweifelsfall soll der Mensch auf die Vernunft vertrauen und die Aussagen der heiligen Schriften als Allegorien, als Bilder, verstehen. Maimonides und Averroes wurden dafür allerdings als Ketzer verfolgt, Avicennas Schriften verdammt.

Und noch etwas haben die Araber der europäischen Welt vermacht, was die Philosophie umgekrempelt und die Logik und Naturwissenschaften erst so richtig auf Trab gebracht hat: die arabischen Ziffern, die eigentlich aus Indien stammen, und mit ihnen die Null. Damit war das erste Mal Nichts (denn das ist ja die Null) zumindest mathematisch fassbar. Bis dahin wurde mit den römischen Zahlen I, V, X, C, L und M gerechnet. 12 – 2 wurde so geschrieben: XII – II, und heraus kam X. In arabischen Ziffern ist das die 10. Was aber, wenn man von 2 die 2 abziehen wollte? In römischen Ziffern war das nicht darstellbar. Wie auch? II – II = …, ja, was denn? Ein Zeichen für Nichts gab es nicht. Mit der Null bekam die Mathematik eine neue Dimension. Nun war die Unterscheidung zwischen dem mathematischen und dem philosophischen Nichts möglich.

Averroes sah in Aristoteles einen Propheten wie Jesus oder Muhammad, der für die Muslime Gottes letzter Gesandter war. Deshalb sagte er: „Man kann auf zwei Wegen zur ewigen Wahrheit gelangen: durch den Koran und durch Aristoteles."

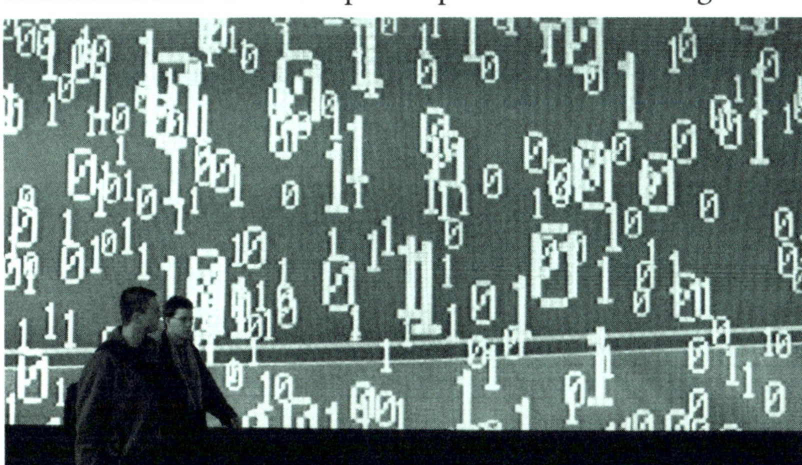

Kann ich noch glauben, wenn ich so viel weiß?

Du weißt eine ganze Menge. Auch dass nicht alles stimmt, was die Erwachsenen sagen. „Der Schlaf vor Mitternacht ist am gesündesten!“ Na, danke, mit dem Trick schickt dich keiner mehr früh ins Bett.

Du hinterfragst die elterlichen „Wahrheiten“. Und das ist gut so! Schließlich entwickelt sich das Wissen ständig weiter. Nicht nur deines. In Büchern, in der Schule und im Internet findest du Neuigkeiten und Erklärungen für Dinge, von denen deine Eltern vielleicht wirklich noch nichts wissen. Du kommst ihnen auch manchmal auf die Schliche, dass sie „Weisheiten“ verkünden, die einzig dazu dienen, dass du dich an ihre Regeln hältst. Und die stellst du jetzt in Frage. Deine eigene Lebenserfahrung sagt dir, dass immer auch vieles andere möglich ist.

Nicht anders ging es den Mönchen des zu Ende gehenden Mittelalters: Nachdem die Schriften vor allem von Aristoteles und Platon den Gelehrten zugänglich waren, stellten sie fest: Wir wissen viel mehr, als die Kirche als Hüterin der Wahrheit uns weismachen will. Zwar waren auch die Gelehrten des 13. Jahrhunderts, des Zeitalters von Thomas von Aquin (siehe Seite 59), Kirchenleute. Aber auch Mönche sind Menschen – und deshalb neugierig. Auch wenn sie in Diensten der Kirche standen, haben sie die Dinge des Lebens hinterfragt, ohne gleich ihren ganzen Glauben über Bord zu werfen. Es wuchs aber das Bedürfnis: Weg mit den Scheuklappen der Theologie! Weg mit den kirchlichen Dogmen, Lehrsätzen, wo Vernunft und Wissenschaft auch so Erklärungen finden können! Nach tausend Jahren Düsternis ging das Licht des freien Denkens wieder an. Es waren Mönche, die Türen aufstießen, hinter denen bald ein neues Zeitalter auch für die Philosophie begann.

„Mach's dir doch nicht so schwer!", sagt dein Mathelehrer, wenn du eine Aufgabe besonders umständlich rechnest, und zeigt dir dann (hoffentlich) einen einfacheren Weg, der dich schneller zum Ziel führt.

Warum umständlich, wenn's auch einfach geht? Ockhams Rasiermesser

Ähnlich muss wohl der Franziskanermönch William von Ockham (manchmal wird er auch Occam geschrieben) gedacht haben. Er wurde um 1300 in England geboren und starb 1349 in München. Ockham zog einen scharfen Trennungsstrich zwischen Philosophie und Theologie, also der Lehre vom Glauben. Was sollten die ganzen Verrenkungen? Warum Nachdenken über Dinge, in deren Natur es liegt, dass der menschliche Verstand sie nicht erfassen kann? Und wenn Gott das Größte ist, was über allem steht, dann ist es doch nur logisch, dass der Mensch ihn nie wird begreifen können. Der Franziskaner unterschied deshalb radikal zwischen den Dingen, die von uns erfassbar sind, und der Metaphysik, also dem, was über oder hinter den Dingen vermutet wird. Ockham meinte: Es ist genug, die Dinge so zu erfassen, wie der Mensch sie auch begreifen kann. Sein Lehrsatz lautete: „Es ist unnütz, etwas mit mehr zu tun, was auch mit weniger getan werden kann." Das heißt: Wenn einfache Erklärungen möglich sind, warum soll ich dann den komplizierten Weg gehen? Dieser Satz wurde später „Ockhams Rasiermesser" genannt. Er schnitt, so sagen Spötter, dem alten Platon damit den Bart seiner Ideenwelt ab (siehe Seite 42 f.). Damit stieß er der Wissenschaft die Tür zu neuen Freiheiten auf: William von Ockhams Werkzeug war die Logik. Er ermunterte die Menschen, die Welt wieder unbelastet von Glaubensweisheiten zu erforschen. Trotzdem glaubte er an Gott und daran, dass alles, was Gott tut, absolut gut sein muss.

Ockhams Glaube an Gott als das absolut Gute ging so weit, dass er sagte: Wenn Gott den Menschen befehlen würde, ihn zu hassen, dann wäre dieser Hass das höchste Lob, das der Mensch Gott geben kann.

Zurück zu den Wurzeln – aber weg mit dem alten Kram!

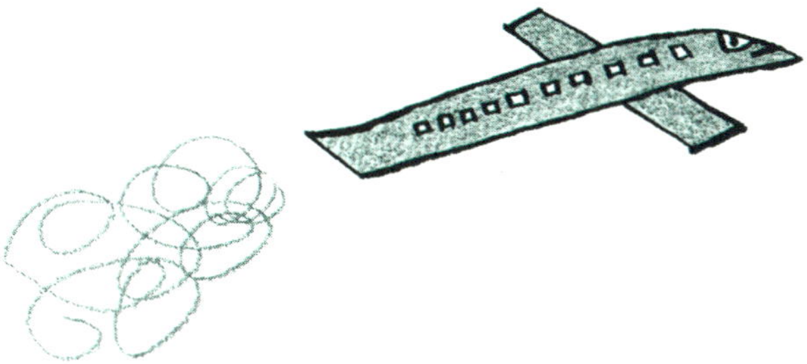

Vom Himmel auf die Erde: Was waren Renaissance und Humanismus?

Am Ende des Mittelalters warf die Philosophie die Kirchen-Fesseln ab. Das Interesse an den antiken Philosophen blühte neu auf. Ihr Wissen wurde zum Fundament, von dem aus sich neue Antworten auf die alten Fragen finden ließen: nach der Natur, dem Menschen und nach dem, was er kann.

Die Zeit zwischen dem 13. und 17. Jahrhundert wird Renaissance genannt. Renaissance ist ein französisches Wort und heißt Wiedergeburt. Nicht mehr Gott und die Frage nach der Sünde beherrschten das Denken, sondern der Mensch und seine Fähigkeiten wurden wieder in den Mittelpunkt des (Nach-) Denkens gestellt. Diese Epoche wird deshalb auch Humanismus (nach lateinisch *homo* = der Mensch) genannt. Auch die griechischen Philosophen waren Humanisten gewesen, weil sie wissen wollten, was der Mensch als solcher in der Welt bewirken kann. Sie suchten mit der Vernunft Antwort auf die Fragen nach der Beschaffenheit der Welt, nach gut und böse, richtig und falsch – unabhängig von einer göttlichen Macht.
Die Menschen der humanistischen Renaissance knüpften dort wieder an. Ein Zeitalter der Entdeckungen und Experimente begann.

In der Philosophie war die Renaissance eine Zeit des Übergangs.

Den Menschen ging es wie einem Kind: Solange es klein ist, zerlegt es die Dinge, um zu sehen, was hinter ihnen steckt. (Mit etwas Glück kann es sie dann sogar wieder zusammenbauen

…) Ein größeres Kind nimmt sein Spielzeug auseinander, um herauszufinden, wie es funktioniert. Du bist noch eine Stufe weiter und überlegst, ob du aus den einzelnen Teilen nicht etwas ganz anderes, Neues, Besseres machen kannst. Je mehr du weißt, umso besser gelingt dir das.

Besonders eine Erfindung trieb das Wissen voran: Johannes Gutenberg erfand um 1450 den Buchdruck. Jetzt war Bildung nicht mehr nur ein Vorrecht der Kirche, die die alten Schriften so auslegte, dass sie dem Glauben nicht widersprachen.

Andere Entdeckungen machten die Welt größer und ein Stück berechenbarer: Die Seeleute entdeckten den Kompass. Den hatten die Chinesen zwar schon lange vorher erfunden. Aber erst im 13. Jahrhundert wurde er auch in Europa angewandt. Die Entdeckerreisen fingen an. Als Christoph Columbus 1492 auf dem Seeweg Amerika fand, bekam die Erde eine neue Dimension. Ein halbes Jahrhundert später sah Galileo Galilei (1564–1642) das Universum mit neuen Augen: Johannes Keplers (1571–1630) Fernrohr half ihm dabei. Galilei griff die Theorie des Mathematikers und Astronomen Nikolaus Kopernikus (1473–1543) auf. Der hatte behauptet, die Erde kreise um die Sonne. Galileo fand dafür die Beweise und schubste unseren Planeten und damit auch den Menschen aus dem Mittelpunkt des Alls.

Die Theorie des Nikolaus Kopernikus, dass sich die Erde um die Sonne dreht und nicht umgekehrt, wird kopernikanische Wende genannt. Er stellte die Sonne in den Mittelpunkt des Himmels. Deshalb wird sein Weltbild heliozentrisch (von helios = die Sonne) genannt.

Galileo Galileis Beweise für Kopernikus' Theorie waren ungeheuerlich: Wenn die Erde nicht mehr der ruhende Pol in der Schöpfung war, verloren auch der Mensch und damit die Kirche an Bedeutung. Galileo wurde eingesperrt und musste widerrufen. Danach hat er trotzig gesagt: „Und sie bewegt sich doch!"

Die Abbildung zeigt das Sonnensystem nach Nikolaus Kopernikus.

Was darf ein Herrscher? Machiavellis Staatsphilosophie

Wenn der Mensch sein Tun nicht mehr über Gott und die Werte der Religion definiert, verändert das die Gemeinschaft und den Staat. Wer bestimmt jetzt, wer wen wie regiert?

Schon Platon und Aristoteles hatten sich darüber ihre Gedanken gemacht. Dem italienischen Diplomaten, Dichter und Philosophen Niccolò Machiavelli (1469–1527) ging es aber nicht mehr um gut oder böse, sondern nur noch darum, wie jemand, der Macht hat, sie am besten erhalten kann.

Uns würde sein Rezept nicht gerade schmecken: denn seinem besten „Principe" (italienisch für „Fürst", so heißt auch Machiavellis Werk) war jedes Mittel erlaubt. Machiavelli sagte: Wer einmal die Macht errungen hat, hat schon deshalb immer Recht, weil ihm das gelungen ist. Ihm ist alles erlaubt, um die Macht zu behalten. Gut und böse, gerecht oder ungerecht sind für Machiavellis Fürsten keine Werte, nach denen sie zu handeln haben. Die Meinung, die dieser italienische Philosoph von den Menschen hatte, war niederschmetternd: Der Mensch ist in seinen Augen ein purer Egoist, stets nur darauf bedacht, dass es ihm selbst so gut wie möglich geht. Deshalb kann der Staat ein Hauen und Stechen zwischen den Bürgern nur verhindern, wenn er einen starken Herrscher hat, dem sich alle unterwerfen müssen. Nur so kann es Sicherheit für die Gemeinschaft geben. Der ideale Fürst bei Machiavelli muss „schlau sein wie ein Fuchs und stark wie ein Löwe", damit er sich gegen die anderen durchsetzen kann. Gott und damit auch die Kirche haben in der Politik des Machiavelli ihre Autorität verloren. Zu dieser Einsicht war der Italiener angesichts des Machtmissbrauchs und unmoralischen Lebens der römischen Kirche gelangt.

Noch heute wird ein Politiker, dessen Tun nur dem eigenen Machterhalt dient, ein Machiavellist genannt.

Wo geht es nach Utopia? Der ideale Staat des Thomas Morus

Wo Reichtum und Armut aufeinander stoßen, denkt der Mensch besonders über Gerechtigkeit nach. So ging es dem englischen Humanisten Thomas Morus. Er erfand den „Nirgendwo-Staat".

Das Machtgehabe von Kirche und Adel, das im krassen Gegensatz zur Armut des Volkes stand, regte Thomas Morus zu seinem Roman „Utopia" an, in dem der ideale Staat beschrieben wird. Utopia kommt vom Griechischen *„ou topós"*, was Nirgendwo heißt. Wenn wir heute das Wort Utopie benutzen, meinen wir damit etwas, was nur in unseren Wünschen und in der Fantasie existiert.

Die Philosophie des Thomas Morus (1478–1535) ging davon aus, dass alle Menschen gleich sind. Die Menschen in seinem Traum-Staat tragen sogar alle die gleichen Kleider. Mode gibt es nicht. Nur die unverheirateten Frauen bekommen andere Gewänder, damit jeder gleich erkennen kann: Die ist noch zu haben. Da alles allen gehört, ist der Privatbesitz abgeschafft. Auch Geld gibt es nicht. Morus schrieb seinen Utopiern sogar den Tagesablauf vor: Morgens um vier Uhr wird aufgestanden. Abends um acht geht's von der Arbeit nach Haus. Für die niederen Tätigkeiten gibt es Sklaven – das sind Straftäter, die gegen Gesetze verstoßen haben. Damit widersprach Morus allerdings seinem eigenen Gleichheitsideal. Die Menschen in Utopia wählen sich selbst ihr Staatsoberhaupt, das bis an sein Lebensende regieren darf. Mit anderen Staaten will Utopia möglichst nichts zu tun haben. Aufsehen erregend und neu in Thomas Morus' Roman war die Religionsfreiheit: Jeder kann glauben, was er will. Atheisten, die gar keinen Gott anbeten, können allerdings nicht an die Regierung kommen.

Der Traum von der Gleichheit der Menschen bewegt die Menschheit noch heute. Im 19. Jahrhundert leiteten Philosophen daraus erneut eine Staatstheorie ab, auf der sich im 20. Jahrhundert die kommunistischen Staaten gründeten. Die Wirklichkeit sah dann aber auch dort ganz anders aus.

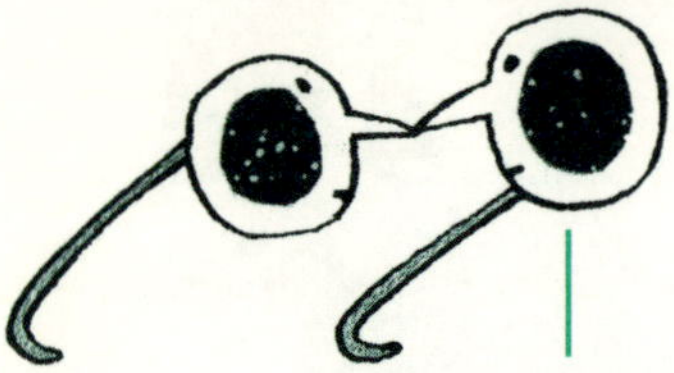

Wie wird Wissen zu Macht? Francis Bacons neues Werkzeug für den Geist

Wissen ist Macht: Im Mittelalter war die Kirche die Herrin des Wissens und deshalb so mächtig. Ganz anders verstand der englische Gelehrte Francis Bacon den Satz: Nur durch Wissen kann der Mensch sich die Welt zu Nutze machen.

Francis Bacon (1561–1626) studierte Jura, wurde Politiker, war aber auch Naturwissenschaftler und Philosoph. Er setzte eine Bewegung in Gang, die das Denken der nächsten Jahrhunderte bestimmen sollte: den Empirismus (siehe Seite 79). Von ihm stammt das Zitat „Wissen ist Macht“. Je mehr der Mensch von der Natur weiß, umso mehr wird sie ihm dienen. Das gilt noch immer. Unser Thema heute ist dabei aber, dass diese Macht auch die Verantwortung mit sich bringt, die Natur nicht zu zerstören. Als Philosoph war Bacon den logischen Schlüssen des Aristoteles (siehe Seite 46 f.) gegenüber skeptisch. Er sagte, man kann nur das wirklich wissen, was man selbst ausprobiert und erfahren hat. Alles andere sind Vorurteile. Bacon zählte vier Trugbilder oder Idole auf, denen der Mensch leicht aufsitzen kann: Das erste ist das Wunschdenken. Es liegt in der Natur des Menschen, am liebsten das zu glauben, wovon er möchte, dass es stimmt. Das zweite ist das Vorurteil der „Höhle“. Damit spielt Bacon auf Platons Höhlengleichnis (siehe Seite 43) an: Was wir wahrnehmen, ist von unserer persönlichen Erfahrung beeinflusst, deshalb aber noch lange nicht wahr. Das dritte Idol sind Vorurteile, die aus der Sprache herrühren: Glück zum Beispiel bedeutet für jeden etwas anderes. Das vierte schließlich ist die Neigung des Menschen, gern ungeprüft vermeintliche „Weisheiten“ anderer zu übernehmen. Wahr ist Wissen erst, wenn man es auf diese vier Trugbilder hin abgeklopft hat.

Francis Bacon wurde selbst Opfer seiner Experimentierfreude: Er wollte beweisen, dass sich gekühltes Fleisch länger hält. An einem kalten Wintertag fror er deshalb ein geschlachtetes Huhn im Schnee ein. Dabei holte er sich eine Lungenentzündung, an der er starb.

Was wäre, wenn jeder Mensch machen könnte, was er will? Würde dann jeder gegen jeden kämpfen? Wir können uns das gar nicht vorstellen. Schließlich lernt jedes Kind schon in der Familie, Rücksicht zu nehmen.

Ist der Mensch von Grund auf schlecht? Thomas Hobbes und sein Leviathan

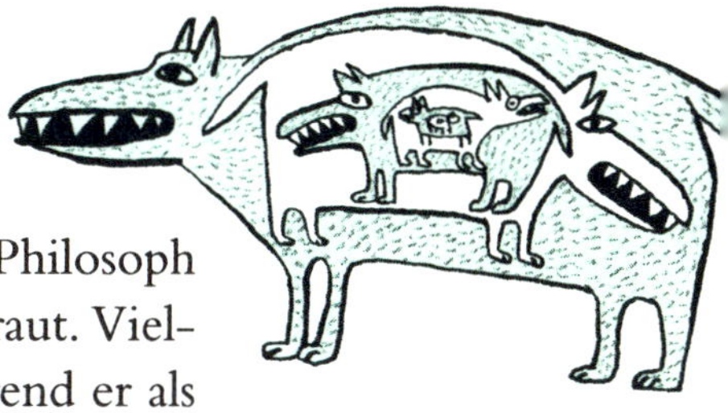

Der Erziehung zur Rücksicht hat der englische Philosoph Thomas Hobbes (1588–1679) offenbar wenig vertraut. Vielleicht hat er ja schlechte Erfahrungen gemacht, während er als Lehrer für die Kinder eines Barons tätig war. Hobbes ging davon aus, dass die Menschen alle gleich sind. Deshalb ist das Leben in seinen Augen aber ein Kampf jeder gegen jeden. Denn er hielt den Menschen für von Grund auf egoistisch. Deshalb sagte er: Der Mensch ist für seinen Mitmenschen wie ein Wolf (lateinisch: *homo homini lupus*). Hobbes meinte damit, dass jeder nur an sich selber denkt. Aus dieser Grundeinstellung entwickelte er eine Staatsphilosophie, für die der spätere Sekretär von Francis Bacon (siehe vorheriges Kapitel) berühmt wurde. Er forderte, der Staat müsse den Krieg aller gegen alle verhindern. Die Gesellschaft war für ihn wie ein Monster, das von einer strengen Regierung gezähmt werden muss. Hobbes kannte Machiavellis „Principe" (siehe Seite 68). Sein Herrscher aber wird von den Menschen selbst ernannt. Er muss mit großer Strenge regieren. Denn Hobbes' Menschen haben immerhin so viel Einsicht, dass sie sich durch den Staat gegenseitig davon abhalten, einander zu zerfleischen. Diesen Staat nennt Hobbes „Leviathan". Er stellte ihn sich wie einen Riesen vor, der aus lauter einzelnen Bestien zusammengesetzt ist und diese vielen „Wölfe" bändigt. Funktionieren kann dieser Leviathan aber nur, wenn sich die Menschen ihm total unterordnen.

Auf in die neue Zeit!

Der Rationalismus: Ist der Mensch berechenbar?

Wie ergeht es dir, wenn dir plötzlich in Mathe ein Licht aufgeht? Wie, wenn du auf einmal merkst, dass du einiges jetzt besser kannst als deine Eltern? Das macht dich selbstbewusst und spornt dich an.

Die sinnliche Erfahrung allein war den Rationalisten nicht mehr genug. Sie suchten nach Regeln für das Sein. Und nach ihm angeborenen Gesetzen, nach denen der Mensch als solcher leben und handeln soll.

Als Kind hast du, wenn's brenzlig wurde, bei den Großen Hilfe oder Schutz gesucht. Das brauchst du jetzt immer seltener. Du hast erfahren: Ich krieg eine ganze Menge selber hin. Ich trau mir das zu! Mehr und mehr wirst du dir dessen, was du kannst, bewusst. So ähnlich müssen sich die Menschen der Nach-Renaissance gefühlt haben: Sie trauten sich an die uralten philosophischen Fragen mit der neuen Geistesschärfe heran: Durch die Erfindungen, Entdeckungen und Fortschritte in Mathematik und Naturwissenschaften war die Welt berechenbarer und beherrschbarer geworden. Musste es da denn nicht auch vernünftige Regeln zum „Berechnen" des menschlichen Daseins geben?

Und noch etwas haben die Denker ab dem 17. Jahrhundert ähnlich gemacht wie du jetzt: Du kennst die Überzeugungen, Ansichten und Wahrheiten deiner Eltern. Was sich für sie bewährt hat, verdammst du nicht in Bausch und Bogen. Vor einigem hast du nach wie vor Respekt. Doch du fängst an, deine eigenen Erfahrungen daneben zu stellen. Du gehst mit dem Denken deiner Eltern kritischer um.

Die Gelehrten der Nach-Renaissance machten es genauso: Sie klopften das vorhandene Wissen ihrer Geistesväter daraufhin ab, was ihnen beweisbar und damit tauglich erschien. Die Erfahrungen der Entdecker und der Humanisten halfen ihnen dabei. Die Bildung war im 17./18. Jahrhundert breiter und vielfältiger denn je zuvor. Das gab auch der Philosophie frischen Schwung. „Nutze den Tag“ hieß das Motto, das dem Denken ein neues Tempo gab. Was war Sein und was war Nichts? Hielten die Ideenwelt des Platon (siehe Seite 43) und die Logik eines Aristoteles (siehe Seite 45) der neu entdeckten Vernunft noch stand? Was, wenn man ihre Theorien mit den jetzt zweitausend Jahre jüngeren Werkzeugen des Denkens auseinander nahm? Ein neuer Skeptizismus (siehe Seite 37 f.) begann.

Dem Menschen war es dank seines Verstandes gelungen, sich neue Welten zu erschließen. Dann musste es auch möglich sein, mit der Vernunft an den Menschen selbst, an die nicht fassbaren Dinge, an die uralten Fragen heranzugehen.

Wer für alles und jedes nach einer Erklärung sucht und immer nur vernünftig handelt, wird Rationalist genannt. Das macht ihn noch nicht zum Philosophen. Mit den rationalistischen Philosophen hat er aber gemein, dass er mehr auf seinen Kopf als auf die Gefühle hört.

Die Philosophen setzten nicht mehr auf Bilder, Ideen und Glauben.

Sie setzten auch nicht auf sinnliche Erfahrung, sondern vor allem auf ihren Verstand. Deshalb wird diese Epoche auch Rationalismus (nach lateinisch *ratio* = der Verstand) genannt. Ihr größter Vertreter, René Descartes (siehe nächstes Kapitel), gilt als Vater dieser neuzeitlichen Philosophie, des kartesianischen Denkens. (Cartesius war Descartes’ lateinischer Name).

Die Abbildung zeigt Auguste Rodins Skulptur „Der Denker“.

Bin ich, oder träum ich nur? Descartes' Mensch als denkendes Ding

Träum ich, oder wach ich? Sicher hast du schon mal etwas erlebt, was „zu schön war, um wahr zu sein!" Oder so scheußlich, dass du wünschtest, es wäre nur ein böser Traum. Was ist wirklich? Was bilden wir uns nur ein?

Richtig denken mit Descartes geht so: Glaube nur, woran du keinen Zweifel mehr hast! Teile schwere Fragen in viele kleine auf! Gib diesen eine Ordnung, und fange mit der Antwort auf die leichteste Frage an! Überprüfe am Ende, ob du auch nichts vergessen hast!

Über diese Urfrage der Philosophie haben die Rationalisten neu nachgedacht. Allen voran der Franzose René Descartes (1596–1650). Er wies nach, dass der Mensch tatsächlich existiert, und wurde zum Begründer der Philosophie, wie sie heute noch betrieben wird. Descartes war Mathematiker und erfand die analytische Geometrie, mit der du dich in der Schule noch wirst herumplagen müssen. Das Gedanken-Werkzeug, das Descartes in der Mathematik vorfand, legte er an philosophische Fragen an und stellte vier Grundsätze zum richtigen Gebrauch des Verstandes auf (siehe links).

Berühmt wurde Descartes für seinen Satz: „Cogito, ergo sum!" – „Ich denke, also bin ich!" Das war für ihn der Beweis der menschlichen Existenz. So ein Unfug, sagst du jetzt vielleicht. Ich sehe, ich rede, ich esse, ich schlafe. Das zeigt doch schon, dass es mich gibt! Descartes hielt dem entgegen: Wer sagt dir denn, dass du dir das nicht nur einbildest? Wer träumt, erlebt doch auch etwas, oder? Nur so viel ist klar: Es lässt sich an allem zweifeln. Das war bei Descartes der springende Punkt: Egal, was du siehst, was du tust – du kannst alles in Frage stellen. Das Einzige, was sich nicht bezweifeln lässt, ist der Zweifel. Er ist immer da. Wer aber zweifelt, der denkt. Der Mensch, so Descartes, ist also ein „denkendes Ding". Und zwar das einzige, das das kann. Das verdankt er seinem Verstand. Richtig eingesetzt, kann der Mensch damit alle Fragen der Natur beantworten.

Wer bin ich? Das hast auch du dich sicher schon gefragt. Descartes hatte den Menschen ein „denkendes Ding" genannt. Aber was wir letzten Endes wirklich sind, darüber zerbrechen wir uns bis heute den Kopf.

Wenn ich bin, was bin ich dann? Spinoza und der Mensch als Gedanke Gottes

Der niederländische Philosoph Baruch Spinoza (1632–1677) hat darauf eine Antwort gegeben, für die er beschimpft wurde wie kaum ein Denker zuvor. Seine jüdische Gemeinde schloss ihn wegen Gottlosigkeit aus. Dabei glaubte Spinoza an Gott. Aber nicht an den Schöpfer-Gott, der über allem steht. Er sagte stattdessen: Alles *ist* Gott. Gott ist für ihn der einzige „Stoff", aus dem alles besteht. Im Geist, in der Natur und im Menschen zeigt er sich nur in verschiedenen Formen. Diese Denkungsart wird Pantheismus (in allem ist Gott) und Monismus (alles ist eins) genannt. Für die Menschen des 17. Jahrhunderts, in dem der 30-jährige Krieg stattfand, war das eine ungeheuerliche Provokation: Wenn der Mensch eine Erscheinungsweise oder, wie Spinoza sagte, „ein Gedanke Gottes" war, warum schlug er sich dann in Kriegen mit anderen den Schädel ein? Obendrein erklärte der Niederländer: Der Mensch ist frei zu denken und zu glauben, was er mag. Sonst kann er die Möglichkeiten seines Verstandes nicht nutzen. Ziel dieses Verstandes ist aber die Erkenntnis, die geistige Liebe zu Gott. Im Urzustand ist der Mensch böse, nur auf seinen eigenen Selbsterhalt aus. Erst der Verstand führt ihn zur Erkenntnis, die dann der gegenseitigen Vernichtung ein Ende macht. So wird aus Thomas Hobbes' „Wolfs-Mensch" („homo homini lupus", siehe Seite 71) der „Gottes-Mensch", oder wie Spinoza sagte: „homo homini deus est" – „der Mensch ist dem Menschen ein Gott".

Spinozas Freiheitsliebe galt auch für den Staat. Er sagte: „Der, der alles durch Gesetze regieren will, wird viel eher Mängel zu Stande bringen, als sie zu verringern. Was nicht verboten werden kann, muss notgedrungen erlaubt sein."

Keks oder Krümel? Leibniz und seine Monaden

Den Namen dieses Philosophen kennt jedes Kind, auch wenn es sonst nichts über ihn weiß: Nach Gottfried Wilhelm Leibniz hat der Hannoveraner Bäcker Hermann Bahlsen 1889 seine neue Erfindung, den Keks, benannt.

Dass ein Keks Leibniz' Namen bekam, hatte mit dessen „Krümel"-Theorie von den Monaden nichts zu tun.

Vielleicht ist Leibniz auf seine Monadologie beim Blick durch ein Mikroskop gekommen: Dort konnte man zu seiner Zeit erstmals sehen, dass ein Tropfen Wasser voller lebendiger Teilchen ist.

Mit dem Leibniz-Keks wollte Bahlsen den größten deutschen Universalgelehrten ehren, der eineinhalb Jahrhunderte zuvor in Bahlsens Heimatstadt Hannover gelebt hatte.

Gottfried Wilhelm Leibniz (1646–1716) war in der Tat ein Genie: Er war nicht nur Mathematiker (du wirst in der Schule noch deinen Spaß mit der von ihm entdeckten Differenzial- und der Integralrechnung haben ...), sondern auch Physiker, Jurist und Historiker, Geologe und Ökonom und nicht zuletzt Philosoph. Seine Theorie der Welt war höchst sonderbar und wird Monadologie genannt. Monaden sind winzig kleine Teilchen, aus denen nach Leibniz' Meinung alles und jedes, selbst der Mensch und seine Seele, besteht. Schon Demokrit (siehe Seite 34) hatte ja an solche Teilchen geglaubt. Bei Leibniz sind es Kraftpunkte, von denen jeder einzelne Gott widerspiegelt, der als Supermonade über allem steht. Trotzdem ist jede Monade anders und nur auf sich selbst bezogen. Monaden können sich zwar zusammenballen, aber keine Verbindung miteinander aufnehmen. Gott gab diesen Teilchen eine Ordnung: An der untersten Stelle stehen die „nackten Monaden". Alles, was nicht lebt, besteht daraus. Ihnen übergeordnet ist die belebte Welt: Pflanzen und Tiere, deren Organismen schon eine gewisse Vorstellungskraft haben. Über ihnen steht der Mensch, der nach Vervollkommnung strebt. Die wahre Wirklichkeit aber sieht und kennt nur Gott, der diese Monadenwelt geschaffen hat.

Vögel können fliegen. Schokolade ist süß. Alle Menschen werden älter. Woher weißt du das? Weil du es schon gesehen, geschmeckt und an dir selbst beobachtet hast. Du weißt es also aus eigener Erfahrung.

Aus Erfahrung wird man klug. Wer waren die Empiristen?

Wo kommt das Wissen her? Woher wissen wir, was wahr ist? Vieles haben wir selbst festgestellt. Anderes hat uns jemand beigebracht. Folgenden Satz aber können wir alle unterschreiben: Aus Erfahrung wird man klug. Im 17. und 18. Jahrhundert haben drei Engländer aus diesem Satz eine ganze Philosophie gemacht: John Locke, David Hume und George Berkeley (siehe folgende Kapitel). Sie werden deshalb Empiristen genannt. Ihre philosophische Richtung heißt Empirismus (von griechisch: *empéiros* = erfahren). Die Empiristen lehnten die Lehre des Rationalismus (siehe Seite 74 f.) ab, die besagte, dass der Mensch von Natur aus Vernunft in sich hat. Sie sagten im Gegenteil: Der Mensch kann erst etwas wissen, wenn er es erfahren hat. Sein Verstand kann nur erfassen, was die Sinne zuvor wahrgenommen haben. Teilweise stimmt das ja: Denk an die Schokolade. Erst, wenn du welche gegessen hast, weißt du: Schokolade ist süß. Und auch was süß überhaupt ist, kannst du dir nur vorstellen, wenn du selbst diesen Geschmack schon mal auf der Zunge hattest. Insofern hatten die Empiristen Recht. Zwar muss nicht jeder Mensch jede Erfahrung am eigenen Leibe machen. Aber im Wissen der Menschheit ließen die Empiristen nur als wahr gelten, was sich durch Erfahrung bestätigt hat. Die Wahrnehmung durch die Sinne war für sie der einzige Grund und Ursprung allen Wissens. Sie erst bringt den Menschen zum Verstand.

Woher kommen die Gedanken? John Lockes leere Tafel

Was denkt ein Kind, wenn es geboren wird? Nichts? Der erste der Empiristen, John Locke (1632-1704), hat das behauptet. Er sagte: Der Mensch wird als „tabula rasa", als unbeschriebene Tafel, geboren. Seine Seele ist ein leeres Blatt.

Nicht mit Verstand wird der Mensch nach John Lockes Überzeugung geboren, sondern mit der Fähigkeit, diesen auszubilden. Das geht aber nur, wenn er vorher etwas mit den Sinnen erfahren hat. Erst dann kommt es in seinen Kopf. Locke nennt das Sensation (von lateinisch *sens* = der Sinn).

Seine Theorie von der leeren Tafel und darüber, wie sie von den Erfahrungen beschrieben wird, hat John Locke „Versuch über den menschlichen Verstand" genannt.

Diese Sinneseindrücke kommen auf die unbeschriebene Tafel und werden von uns und den Erfahrungen, die wir bereits abgespeichert haben, bearbeitet: Was dabei herauskommt, nennt Locke Reflexion (von *reflectere* = zurückwerfen). Wir werfen wie ein Spiegel auf die leere Tafel zurück, was wir aus dem Sinneseindruck gemacht haben. So kommen wir zu einer Erkenntnis. Die Ideen, die der Mensch dabei gewinnt, zerlegt Locke in primäre (von *primus* = der Erste) und sekundäre (*secundus* = der Zweite) Eigenschaften. Die primären sind den Dingen zu Eigen (zum Beispiel ihre Form, ihre Größe, Bewegung und Zahl) und sind für jeden Menschen gültig: Ein Würfel hat immer acht Ecken. Ein Apfel ist immer rund. Fünf Euro sind fünf Euro. Die sekundären Eigenschaften dagegen sind davon abhängig, was der einzelne Mensch angesichts eines Dinges empfindet, fühlt, schmeckt oder wie er es bewertet: Für dich ist der Würfel vielleicht grün, ein Farbenblinder sieht das ganz anders. Du sagst: Der Apfel ist süß. Dein Bruder findet ihn sauer. Für dich sind fünf Euro viel Geld, für deine Eltern eher nicht.

John Locke hat auch über das Zusammenleben der Menschen philosophiert. Auf seinen Ideen und Überlegungen wurden unter anderem die modernen Demokratien aufgebaut. Er wird deshalb „Philosoph der Freiheit“ genannt.

Wer darf was? Locke als Erfinder der Gewaltenteilung

Auch wenn der Mensch bei seiner Geburt nichts im Kopf hat, wie John Locke behauptete (siehe vorheriges Kapitel), so kommt er doch nicht rechtlos auf die Welt. Die Naturrechte auf Freiheit und Eigentum sind ihm angeboren, weil er die zum Überleben braucht. Mit dieser Überzeugung wurde John Locke zum Vater der Menschenrechte, wie sie heute fast auf der ganzen Welt gelten. Er war der erste Philosoph der Neuzeit, der sagte, dass Frauen und Männer gleichberechtigt sind. Auch die Staatsform der Demokratie haben wir eigentlich John Locke zu verdanken: weil er die Gewaltenteilung erfunden hat. Sie besagt, dass jede Macht Kontrolle braucht. In Demokratien herrscht und bestimmt nicht einer allein über die anderen. Hier wählt sich das Volk Vertreter, die durch Gesetze Gerechtigkeit und Freiheit schaffen. Die Regierung setzt diese Gesetze um, wird aber von den Volksvertretern kontrolliert. Genau das forderte Locke: Die Macht, Gesetze zu erlassen und sie umzusetzen, muss in verschiedenen Händen liegen, damit nicht ein Alleinherrscher tun und lassen kann, was er will. Wir nennen das Legislative (Gesetzgebung) und Exekutive (ausführende Gewalt), sie sind auf das gewählte Parlament und die Regierung verteilt. Der französische Rechtsphilosoph Charles Montesquieu (1689–1755) fügte als Drittes noch die Recht sprechende „Gewalt“, die Judikative, hinzu, an die sich jeder wenden kann, der sich ungerecht behandelt fühlt.

John Locke hatte auch eine Theorie der Kindererziehung. Er sagte, Eltern und Kinder sollten wie Freunde sein. Statt Ge- und Verbote zu erlassen, sollten Eltern dem Nachwuchs lieber mit gutem Beispiel vorangehen.

Ist Es erst, wenn ich's spüre? Oder reicht daran denken aus?

Kennst du einen Tasmanischen Beutelteufel? Wenn du über dieses Tier schon mal etwas gelesen oder gar ein Bild gesehen hast, weißt du, dass es ihn gibt. Wenn nicht, dann gibt es ihn natürlich trotzdem.

Dummes Zeug!, denkst du jetzt vielleicht. Aber George Berkeley (1685–1753), Empiristen-Kollege von John Locke, war noch viel radikaler als der, was Wissen durch Erfahrung anbelangt. Auf die Spitze getrieben würde er über den Tasmanischen Beutelteufel sagen: Solange keiner an ihn denkt, gibt es ihn nicht! Denn „sein ist wahrgenommen werden“ war Berkeleys Überzeugung. Zu Ende gedacht wäre das allerdings furchtbar! Hieße es doch: Wenn dich keiner wahrnimmt, gibt es dich gar nicht. Berkeley war das aber immer noch nicht genug.

Er behauptete sogar, dass es überhaupt nichts gibt.

Weil alle Dinge und alles, was wir vermeintlich wissen, nur in unserem Geist existiert. Denn: Alles ist Geist. „Es existiert nur, was wir empfinden. Aber nicht das Ding an sich.“ Wie? Alles nur geträumt? Nicht ganz. Berkeley war nicht nur Philosoph, sondern auch irischer Bischof. Deshalb hatte er natürlich eine Erklärung für diesen Geist parat: Es ist Gott. Die Dinge wiederum waren für ihn Gedanken Gottes, die er durch die Menschen denkt. Berkeley war Idealist. Du kennst das ja schon von Platon (siehe Seite 42 f.). Auch David Hume (1711–1776) war Berkeleys und Lockes Ansicht, dass Dinge erst existieren, wenn man sie wahrnimmt. Und er ging noch einen Schritt weiter, indem er alles menschliche Wissen in Frage stellte. Und zwar in zweierlei Hinsicht: Zum einen warnte er vor allgemein gültigen Aussagen über Dinge, solange nicht wirklich ausgeschlossen werden kann, dass es Ausnahmen gibt.

Ein Beispiel: Wenn du einen Ball beschreiben müsstest, was würdest du dann sagen? Vermutlich: Ein Ball ist rund und hat keine Ecken. Sonst könnte er ja nicht rollen. Denkste! Beides ist falsch! Denn es gibt auch Bälle mit Ecken, die trotzdem wunderbar rollen. Denk nur an einen Fußball: Er ist zwar rund, hat aber sechzig Ecken und neunzig Kanten, weil er aus zwölf Fünfecken und zwanzig Sechsecken zusammengesetzt ist. Also ist die Aussage „Ein Ball hat keine Ecken" nicht richtig, oder?

Zum anderen war Hume Kausalgesetzen gegenüber skeptisch eingestellt. Kausalgesetze sind Gesetze von Ursache und Wirkung, wie etwa: Wenn die Sonne scheint, ist es warm. Oder: Wenn du dieses Buch in die Luft hältst und loslässt, fällt es zu Boden. Vorsicht!, würde Hume sagen. Du hast es zwar noch nie gesehen, aber es könnte ja durchaus sein, dass das Buch plötzlich doch mal in der Luft stehen bleibt. Wir wissen natürlich, dass nicht das Loslassen dafür sorgt, dass das Buch herunterfällt, sondern die Schwerkraft. Aber auch deren Gesetze würden in sich zusammenbrechen, wenn das erste Buch nicht fallen würde. (Wenn du's ausprobieren willst, nimm bitte lieber einen Stein. Es wäre schade um das Buch ...!)

David Hume war der Wegbereiter des Utilitarismus (= Nützlichkeitslehre, siehe auch Seite 107). Für einen Utilitaristen ist moralisch richtig, was den meisten Menschen das größtmögliche Glück bringt. Krieg wäre demnach unmoralisch, weil er vielen Menschen viel Leid bringt, es sei denn, er würde für noch mehr Menschen noch mehr Unglück abwenden.

Humes Skepsis gegenüber Logik und Verstand ging so weit, dass er rundweg abstritt, der Mensch könne aus Vernunftgründen Regeln für ein richtiges Leben finden. Was gut und was böse ist, könne man nicht verstehen, sondern nur empfinden. Und da ist ja wirklich etwas dran: Warum sollst du einen Kumpel nicht verhauen? Weil ihm das wehtut. Das kannst du nachempfinden. Warum wollen deine Eltern nicht, dass du Schimpfworte benutzt? Weil du den Beschimpften damit verletzt. Also hat Ethik, die Lehre vom sittlich richtigen Handeln, viel mit Gefühlen zu tun. Weil wir um diese Gefühle wissen, ist es allerdings vernünftig, unser Handeln daran auszurichten.

Kopf oder Bauch?

Alles klärt sich auf! Was macht den Mensch zum Menschen?

Leistungskurs Kunst oder Leistungskurs Latein? Früher haben dir deine Eltern nicht nur schulische Entscheidungen abgenommen. Heute sagen sie: Das musst du selbst entscheiden. Du bist jetzt alt und vernünftig genug.

Das Gleiche haben die Philosophen der Aufklärung im 17. und 18. Jahrhundert über den Menschen als solchen gedacht. „Sapere aude!“, sagte Immanuel Kant (1724–1804, siehe Seite 92 ff.), der größte Denker dieser Epoche. Der lateinische Satz heißt übersetzt: „Wage, dich deines Verstandes zu bedienen!“ Die Empiristen Locke, Hume und Berkeley (Seiten 79 ff.) waren die Vor-Väter dieser Epoche. Sie zerbrachen sich den Kopf darüber, wie der Mensch zu Verstand kommt, was das überhaupt ist und was man damit machen kann. Die Philosophen der Aufklärung dagegen sagten: Wie auch immer der Verstand funktionieren mag, er ist es, der den Mensch erst zum Menschen macht. Das unterscheidet ihn vom Tier. Das haben alle Menschen gemeinsam, und das macht sie gleich. Für sie gab es keine „großen Leute“ und den „kleinen Mann“. Damit wurde allerdings erstmals auch die Gesellschaftsordnung von Herrschern und Beherrschten in Frage gestellt. Die Denker dieser Epoche klärten die Menschen auf: Wenn es euch schlecht geht, dann nur, weil ihr euch von eurem Naturrecht der Gleichheit und Freiheit wegbewegt habt. Immanuel Kant formulierte es so: „Aufklärung ist der Ausgang des Menschen aus seiner selbst verschuldeten Unmündigkeit. Unmündigkeit ist das Unvermögen, sich seines Verstandes ohne Leitung eines anderen zu bedienen.“

Nichts anderes wollen deine Eltern erreichen, wenn sie dich immer häufiger ermuntern, deine Zukunft durch vernünftige eigene Entscheidungen selbst zu gestalten. Sie wollen nicht, dass du dich durch Denkfaulheit oder Bequemlichkeit von irgendjemandem, auch nicht von ihnen, abhängig machst.

Für die Aufklärer waren Freiheit, Gleichheit, Toleranz und Bildung die Grundvoraussetzungen für Glück. Mit diesen Werten brachten die Philosophen ein neues politisches Denken in Gang. Die Menschen sollten ihre Rechte in der Gesellschaft erkennen, sie wahrnehmen und nicht länger dulden, dass irgendeine Obrigkeit über sie und ihr Leben bestimmt.

Das bekamen die Monarchen Europas und die Kirche zu spüren.

Die Aufklärung war der geistige Nährboden für die Französische Revolution: 1789 stieß das Volk die *absolutistischen* Herrscher in Frankreich vom Thron. In Amerika wurden schon 1776 die Rechte auf Leben, Freiheit, Eigentum und das Streben nach Glück im Vorwort zur Unabhängigkeitserklärung festgeschrieben. Das war der erste Menschen- und Bürgerrechtskatalog. Heute gelten diese Menschenrechte fast überall auf der Welt.

absolutistisch
Alle Macht und (Regierungs-) Gewalt liegt ausschließlich in der Hand eines Herrschers.

„Die Freiheit führt das Volk an“ (Gemälde von Eugene Delacroix, 1830)

Macht Wissen unglücklich? Der „edle Wilde“ des Jean-Jacques Rousseau

Max und sein Bruder haben sich gemeinsam einen PC gekauft. Max ist älter, hat mehr Geld und deshalb auch mehr zugezahlt. Das lässt er den Kleinen spüren: Der muss ständig betteln, damit er auch mal am Computer spielen darf, und manchmal trickst Max ihn aus.

Was Max da macht, ist ziemlich gemein. Doch er fühlt sich im Recht. Der Computer hat viel Streit unter die Geschwister gebracht. Der Kleinkrieg im Kinderzimmer hat erst ein Ende, als der Vater der beiden strenge Regeln erlässt. Nicht nur unter Geschwistern ist das so: Der Streit um „Mein“ und „Dein“, um den eigenen Vorteil gegenüber anderen hat schon immer Menschen und Völker gegeneinander aufgebracht. Es kann, so heißt es ja nicht ohne Grund, der Beste nicht in Frieden leben, wenn es dem bösen Nachbarn nicht gefällt. Auch der Wettlauf um den ersten Rang, wenn es um Wissen und technischen Fortschritt geht, kann Ungerechtigkeit und Unfrieden schaffen. Wer landet als Erster auf dem Mond? Wer kann am billigsten produzieren, damit er die besten Geschäfte mit seiner Ware macht? Wer baut den ersten Roboter, der selber denken kann? Wer da warnt, dass Fortschritt auch ein Fluch sein kann, wird gern als pessimistischer Miesmacher bezeichnet.

Jean-Jacques Rousseau war ein Romantiker. Die Romantiker wollten wieder natürlich leben. Der Mensch sollte nicht mehr durch seinen Verstand regiert werden.

In der Aufklärung vor dreihundert Jahren kam der Fortschrittsglaube erstmals so richtig in Schwung. Das Motto der Aufklärer war: Je mehr die Menschen wissen, umso besser wird es ihnen gehen. Ein Philosoph hat dagegengehalten. Es war der in der Schweiz geborene Franzose Jean-Jacques Rousseau (1712–1778). Seine Grundüberzeugung: Von Natur aus ist der Mensch gut. Erst *Zivilisation*, Wissen und Kultur haben ihn bö-

Zivilisation ist die Fortentwicklung aufgrund von Bildung, technischen Entdeckungen und Einsichten des Menschen.

se gemacht. Rousseau sagte: Gott hat uns in glücklicher Unwissenheit in die Welt gesetzt. In diesem Urzustand waren wir „edle Wilde". Edel deshalb, weil das Gewissen dem ursprünglichen Menschen sagte, was gut und böse war: „Alles, was ich als gut empfinde, ist gut. Alles, was ich als böse empfinde, ist böse."

Die Kultur hat dieses Gewissen des Menschen kaputtgemacht.

Denn mit ihr kam das Eigentum. Und damit fing das Unglück der Menschheit an. „Der Erste, der ein Stück Land einzäunte und sagte: Das gehört mir!, war der Gründer des Staates und der Ungleichheit", schimpfte Rousseau. Mit dem ersten Zaun vergaßen die Menschen, „dass die Früchte allen, die Erde aber niemandem gehört". Die Folgen kennen wir: Wer etwas besitzt, will es für sich behalten und verhindern, dass ein anderer ihm davon etwas wegnehmen kann. Der, dem nichts gehört, will aber auch etwas haben. Damit fing für Rousseau der Teufelskreis von Verbrechen, Mord und Krieg unter den Menschen an. Rousseaus Philosophie wird unter dem Motto „Zurück zur Natur!" zusammengefasst. Der Mensch soll sich zurückbesinnen auf seinen ehemals glücklichen Naturzustand.

Jean-Jacques Rousseau (1712–1778)

Wer rettet die Freiheit? Rousseaus „volonté générale“

„Zurück zur Natur!“? Wie soll das gehen? Jean-Jacques Rousseau hatte eine Idee, wie der Mensch trotz der Zerstörung seines natürlichen Urzustands wieder glücklich werden kann.

Die Menschen, so dachte Rousseau, müssen trotz des zerstörten Paradieses, in dem alles allen gehörte, dafür sorgen, dass jeder so viel Freiheit erfährt, wie jetzt noch möglich ist. Das aber können sie nur gemeinsam tun. Rousseau schlug deshalb einen Gesellschaftsvertrag vor. Im französischen Original heißt der „contrat social“. Wer ihm beitritt, unterwirft sich als Einzelner dem „volonté général“, dem Gemeinwillen. Wenn sich alle an diesen Vertrag und seine Gesetze halten und wenn jeder genauso frei ist wie sein Mitmensch, kann es wieder gerecht auf der Erde zugehen. Mit dem Naturzustand der glücklichen Unwissenheit (siehe Seite 89) ist es zwar endgültig aus und vorbei. Trotzdem muss der Mensch nicht verzweifeln, sondern kann mit dem Gesellschaftsvertrag das Beste daraus machen. Mit ihm tauscht der Mensch die Freiheit des „edlen Wilden“ gegen die wahre Freiheit des zivilisierten Menschen ein. Wahre Freiheit heißt: In ihr sind alle Menschen gleich.

Elf Jahre nach Rousseaus Tod – er starb 1778 – forderten die Bürger Frankreichs 1789 in der Französischen Revolution diese ihre Freiheitsrechte ein.

Auch in unserer Verfassung weht der Geist von Rousseau. Im Grundrechtsartikel 14 heißt es: „Eigentum verpflichtet. Sein Gebrauch soll zugleich dem Wohle der Allgemeinheit dienen.“ Dahinter steht der Grundgedanke des französischen Philosophen aus dem 18. Jahrhundert: Gemeinwohl geht vor Eigenwohl.

„Wenn der, der zuhört, nicht weiß, was der, der spricht, meint, und wenn der, der spricht, selbst nicht weiß, was sein Sprechen bedeutet - das ist Philosophie!“ Das hat Voltaire gesagt.

Wie viel Spaß darf sein? Spottvogel Voltaire und sein Gottesbeweis

So viel beißenden Spott wie François Marie Arouet – so hieß Voltaire (1694–1778) richtig – hat kein anderer Vertreter seiner Zunft über alles und jeden ausgeschüttet. Dabei predigte der Franzose nichts mehr als eine der Haupttugenden der Aufklärung, die *Toleranz*. Von ihm stammt der Satz: „Ihre Meinung ist mir zwar widerlich, aber ich werde mich dafür totschlagen lassen, dass sie sie sagen dürfen.“ Von den anderen Grundforderungen der Aufklärung, Gedanken- und Redefreiheit, hat Voltaire selbst reichlich Gebrauch gemacht und nichts und niemanden von seiner beißenden Kritik ausgenommen. Zwar verkehrte er selbst gern und viel in den besseren Kreisen, verschonte sie aber trotzdem nicht mit seinem Spott. Vor allem gegenüber der Kirche ließ er seinem Hass freien Lauf. Ihr hielt er vor, so zu tun, als ob ihre Sicht der Welt die einzig wahre sei. Dabei hatten doch die Kirchenfürsten viel Elend und Leid über die Menschen gebracht. Nur auf Gott ließ Voltaire nichts kommen: Er war nicht nur gläubig, sondern versuchte sich auch an einem Gottesbeweis. Dass Gott existiert, begründete Voltaire so: Es gibt etwas, also gibt es etwas Ewiges, denn nichts kommt aus dem Nichts. Auf diese gesicherte Weisheit kann sich der Mensch verlassen. Da es außerdem Naturgesetze gibt, muss da irgendwo auch ein Gesetzgeber sein. Und das ist Gott. Voltaire glaubte im Übrigen, Gott habe die Menschen in die Welt gesetzt, damit sie sich amüsieren. Was der Franzose auch immer und überall ausgiebig tat.

Toleranz (von lateinisch: tolerare = zulassen, dulden) ist die Fähigkeit, die Überzeugungen, Ansichten und den Glauben anderer zu akzeptieren.

„Wenn es keinen Gott gäbe, müsste man ihn erfinden.“
Voltaire

Mit Vernunft in den Abgrund? Wie Kant uns vor dem Kopfzerbrechen rettet

Ohne Fragen kommt kein Mensch durch die Welt. Dem einen reicht es zu wissen, wie die Dinge um ihn herum funktionieren. Ein anderer zerbricht sich endlos den Kopf über die Frage nach Anfang und Ende, nach Zweck und Sinn.

Darüber kann man leicht irre werden. Mancher landet bei Gott, andere laufen solchen Gedanken lieber davon. Macht nichts!, sagte dazu Immanuel Kant (1724–1804). Dieser große Aufklärer sah die Fragen nach den metaphysischen, den außerhalb der fassbaren Welt liegenden Dingen als unser Schicksal an. Aber deshalb muss keiner verzweifeln, tröstete der Philosoph aus Königsberg. In seiner „Kritik der reinen Vernunft" beschrieb er, wieso: Weil der Mensch die „Dinge an sich" gar nicht erfassen kann. Was wir sehen, ist bereits durch unsere Wahrnehmung geprägt, also nicht mehr „das Ding an sich". Wir sehen zum Beispiel die Natur, aber nicht, was sie „an sich" ist. Erkennen können wir aber, nach welchen Gesetzen sie funktioniert.

Kant befreite die Philosophie von dem Problem, beweisen zu müssen, dass es Gott gibt – oder eben nicht. Die Frage nach ihm ist „a priori" da. Es liegt am einzelnen Menschen, was er daraus macht. Deshalb ist jeder frei, an Gott zu glauben – oder auch nicht.

Kant teilte die Erkenntnis in zwei Stufen ein: Zuerst sehen wir, was sich uns „a priori" (von Anfang an) zeigt. Dann bringen wir dieses Bild „a posteriori" (im Nachhinein) mit den Sinnen und dem Verstand in eine Ordnung. Kant versöhnte so den Rationalismus (siehe Descartes, Seite 76), der nur für wahr hält, was der Verstand erfassen kann, mit dem Empirismus (Seite 79), für den nur wahr ist, was der Mensch mit seinen Sinnen bewiesen hat. Kants Ordnung gilt auch für den menschlichen Verstand. Er ist jedem Menschen „a priori" zu Eigen. Nun kommt es darauf an, was der Einzelne daraus macht. Wenn du dich in der Schule nie meldest, musst du dich ja auch nicht wundern, wenn der Lehrer meint, du seist dumm.

In der „Kritik der reinen Vernunft" hatte Immanuel Kant festgestellt, dass die Welt eine vorgegebene Ordnung hat. Wie aber war das mit dem Menschen? War er frei in seinem Handeln, oder gab es auch für ihn ein Gesetz?

Was du nicht willst, dass man dir tu ... Was ist Kants kategorischer Imperativ?

In einer weiteren Abhandlung ging der Königsberger Philosophieprofessor der menschlichen Moral auf den Grund: Er nannte sie „Kritik der praktischen Vernunft". Darin untersuchte er, ob es ein Sittengesetz gibt, das im Menschen verankert ist, also ein Gesetz, das dem Menschen immer schon zu Eigen war und das er nicht erst erfinden musste.

Wir haben ein Gewissen, das uns sagt, was gut und was böse ist. Damit hatten sich die Philosophen schon immer beschäftigt. Kants Ethik besagte nun, dass es nicht darauf ankommt, ob sich der Mensch wohl fühlt mit dem, was er tut. Er fand für das menschliche Handeln ein von Natur aus vorhandenes Sittengesetz. Er nannte es den *kategorischen Imperativ*. Und den formulierte er so: „Handle so, dass die Maxime deines Willens jederzeit als Prinzip einer allgemeinen Gesetzgebung gelten könnte." Das klingt komplizierter, als es ist. In Wirklichkeit heißt es nichts anderes als: „Was du nicht willst, dass man dir tu, das füg auch keinem anderen zu!"

Ein „guter" Mensch ist danach nicht der, der gut zu anderen ist, weil er ihnen eine Freude machen will, weil er seine Mitmenschen gern mag oder sich selbst wohl dabei fühlt. Ethisch richtig handelt der, der sich anderen gegenüber so verhält, wie er selbst behandelt werden möchte. Trotzdem hat er die Freiheit, sich anders zu entscheiden. Es wird ihm dann aber selbst nicht gut dabei gehen.

Kategorischer Imperativ heißt unbedingt gültiges Pflichtgebot. Kants Ethik wird deshalb auch Pflichtethik genannt.

Kants Suche nach den grundsätzlich vorhandenen Bedingungen der Welt wird Transzendentalphilosophie genannt. Sie beschäftigt sich mit dem, was mit den Sinnen nicht erfahren werden kann. Solche Bedingungen gibt es für die Natur - sie sind Gegenstand der Wissenschaft. Die Bedingungen für den menschlichen Willen gehören der Moral an, die für den Geschmack und die Schönheit der Ästhetik.

Und nochmal Kant?! Auf in die Moderne

Immanuel Kant hat mit seinem „kategorischen Imperativ“ nicht nur eine neue Ethik in Gang gebracht. Er hat auch der Philosophie eine neue Ordnung gegeben.

Immanuel Kant hat die Grundfragen der Menschheit in vier Bereiche aufgeteilt, die die Philosophie bis heute so beibehalten hat. Seine vier großen Fragen lauten:

1. Was kann ich wissen?
2. Was soll ich tun?
3. Was darf ich hoffen?
4. Was ist der Mensch?

Mit der ersten Frage beschäftigt sich die Metaphysik: die Wissenschaft, die über das menschlich Erfahrbare hinausreicht und die Grenzen der menschlichen Vernunft zu überschreiten versucht. „Was soll ich tun?“ muss die Ethik beantworten.

Die Ethik sucht nach moralischen Grundsätzen, die für alle gültig sind.

Nach ihnen soll der Mensch als Einzelner aber auch die menschliche Gemeinschaft insgesamt leben können und letztlich müssen. Daran beißen sich noch heute nicht nur die Philosophen, sondern auch die Politiker die Zähne aus. Erst wenn die Menschheit darauf eine Antwort gefunden hat, die für alle gilt und von allen anerkannt wird, herrscht Frieden auf der Welt. Die Antwort auf die Frage „Was darf ich hoffen?“ versuchen die Religionen zu geben. Schließlich reicht das Hoffen des Menschen immer auch über sein Leben hinaus.

„Was ist der Mensch?“ schließlich ist die Frage, in der das Denken der drei ersten philosophischen Bereiche zusammenfließt. Damit beschäftigt sich die philosophische Anthropologie. Anthropologie ist die Wissenschaft vom Menschen. Es gibt zwei Arten: Die eine, die naturwissenschaftliche Anthropologie, untersucht den Menschen als Lebewesen von seinen Anfängen an und wie er sich entwickelt hat. Die philosophische Anthropologie hingegen erforscht, was die Natur aus dem Menschen macht und was er selbst als handelndes Wesen aus sich macht, machen kann und schließlich machen soll.

Diese Kant'schen Fragen stellen sich für jeden Menschen immer wieder neu: weil jeder für sich von vorn damit anfängt und weil die Menschheit sich insgesamt fortentwickelt. Kant hat auch das schon erkannt. Er sagte: „Dass der Geist des Menschen metaphysische Untersuchungen einmal gänzlich aufgeben wird, ist ebenso wenig zu erwarten, als dass wir, um nicht immer unreine Luft zu schöpfen, das Atem holen einmal lieber ganz und gar einstellen würden." Man kann es auch so sagen: Der Mensch braucht das Philosophieren wie die Luft zum Leben.

Immanuel Kant (Porträt um 1780)

Hinauf in luftige Höhen – Das Geheimnis des Ich

Wo bleibt das Ich? Vom kühlen Kant in die Welt der Ideen

Wie erholst du dich von einem Schultag mit trockener Mathematik? Vielleicht setzt du dir deinen Discman auf, legst dich aufs Bett, träumst dich davon und denkst nur noch an dich.

Nach so viel Konzentration und Logik tun Gedankenreisen gut! Das ging auch den Philosophen nach Immanuel Kant so. Nach all der Vernunft wandten sich die Denker gegen Ende des 18. Jahrhunderts wieder der inneren Seite des Menschen zu: dem fühlenden, denkenden, schöpferischen *Individuum.* In der Literatur wird diese neue Epoche Romantik genannt. Der Aufklärer Jean-Jacques Rousseau (siehe Seite 88 ff.) war mit seinem „Zurück zur Natur!“ zugleich der erste romantische Philosoph. In der Philosophie heißt diese Epoche Idealismus, weil hier das menschliche Ich und seine Ideen im Mittelpunkt des Denkens stehen. Welchen Stellenwert nimmt dieses Ich inmitten all der Dinge ein, aus denen die Welt besteht? Was bin ich im Verhältnis zu allem, was mich umgibt? Bin ich eins mit der Natur? Oder bin ich das handelnde Subjekt, das Einfluss auf und Macht über die mich umgebenden Dinge hat?

Individuum heißt eigentlich das Unteilbare, etwas, was durch Teilen seine Eigenart verlieren würde. Wir verstehen unter Individuum den Einzelmenschen in seiner einzigartigen Persönlichkeit.

Schon Platon hatte sich geistig in der Welt der Ideen herumgetrieben (siehe Seite 42 f.). Während der große Grieche aber die Ur-Formen der Ideen irgendwo außerhalb der Welt suchte, fragten die Idealisten: Sind die Ideen in uns, bilden wir die Welt in unseren Vorstellungen nur ab, oder sind wir selbst nur Abbild einer größeren, übergeordneten Idee? Nicht allein was der Mensch an sich kann, soll oder darf, ist (wie bei Kant) Dreh- und Angelpunkt des Denkens, sondern der Mensch als Einzelwesen, als Ich. Doch was ist dieses Ich? Wie entsteht es, und wie unterscheidet es sich von dem, was Nicht-Ich ist?

Mit den Idealisten geht's erneut auf die philosophische Achterbahn. Ihr tollkühnster Fahrer war Johann Gottlieb Fichte (1762–1814). Er machte den Menschen zum Wesen, das sich selbst erschaffen hat.

Bin ich Ich oder nur ein Traum? Fichtes Furcht vor der Freiheit

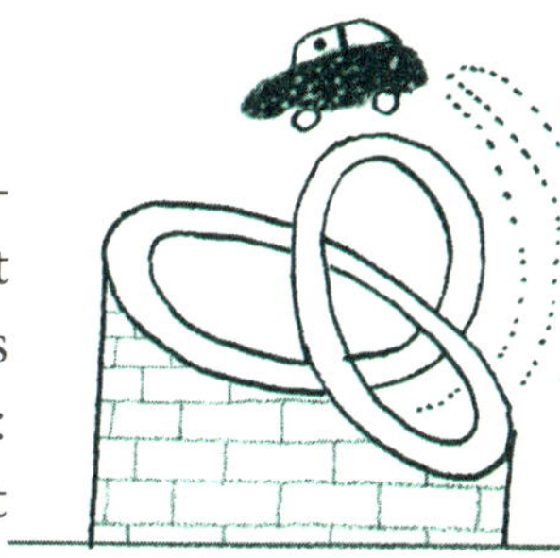

Sein Gedankengebäude nannte Fichte ein „System der Freiheit“, weil es den Menschen als Wesen, das die Welt überhaupt erst wahrnimmt, zum Schöpfer der Dinge erhebt. Dazu muss der Mensch aber erst erkennen, dass er selber ist. Fichte sagte: „Das Ich setzt sich selbst.“ Und erklärte es so: Dieses Ich erfährt sich selbst dadurch, dass es drum herum etwas anderes entdeckt. In diesem Moment wird der Mensch sich des Unterschieds zu seinem eigenen Ich bewusst. Das Ich, so Fichte, setzt sich dem Nicht-Ich entgegen. Will heißen: Alles, was nicht du bist, muss etwas anderes sein als dein Ich.

Was aber sind diese anderen Dinge? Sind sie wirklich, oder verdanken sie ihre Existenz nur der Tatsache, dass sie von dir wahrgenommen werden? Einen ähnlichen Gedanken hatte der Empirist George Berkeley hundert Jahre vorher schon einmal gedacht (siehe Seite 82). Fichte überlegte nun, wie diese Wahrnehmung des Menschen als er selbst abläuft. Seine Antwort: „Das Ich setzt sich im Ich einem Nicht-Ich entgegen.“

Mit dieser Logik des sich selbst und alles andere durch Wahrnehmung schaffenden Ich verabschiedete sich Fichte allerdings auch von Gott. Den brauchte es nicht mehr. Offensichtlich wurde dem Philosophen über seinem „System der Freiheit“ dann aber selbst schwindelig, und er fragte sich bange: Was, wenn der Mensch nur denkt, dass er denkt, und dieses Denken selbst ist auch nur ein Traum? Dann musste es jemanden geben, der diesen Traum „Mensch“ träumt – also doch Gott.

Den Drei-Schritt des Denkens („Das Ich setzt sich selbst“, „Das Ich setzt sich dem Nicht-Ich entgegen“, „Das Ich setzt sich im Ich einem Nicht-Ich entgegen“) nannte Fichte auch Wissenschaftslehre, weil jedes Wissen so bewiesen werden könne. Bei Hegel wurde daraus die Dialektik (siehe Seite 101).

Ist alles nur Gottes Geist? Schelling, der erste Grüne

Erst wenn der letzte Baum gerodet, der letzte Fluss vergiftet, der letzte Fisch gefangen ist, werdet ihr feststellen, dass man Geld nicht essen kann! Kennst du diesen Leitspruch von Greenpeace?

Hätte es schon vor zweihundert Jahren so etwas wie Umweltschützer gegeben, Friedrich Wilhelm Joseph von Schelling (1775–1854) hätte ihr Vordenker sein können. Er war einer der heftigsten Kritiker Johann Gottlieb Fichtes und dessen Philosophie, die das menschliche Ich zur Schöpferfigur erhoben hatte (siehe vorheriges Kapitel). Schelling ging sogar Rousseaus „Zurück zur Natur!“ (siehe Seite 89) nicht weit genug: Er sah den Menschen selbst als Bestandteil der Natur an, deren schöpferische Kraft sich im menschlichen Geist am deutlichsten zeigt. Dieser Geist aber ist Ausdruck einer über alles schwebenden Weltseele. Sie wird überall in der Natur sichtbar: in Pflanzen, Tieren, ja sogar in unbelebten Dingen wie einem Stein. Diese Weltseele strebt danach, sich in Gott zu verwirklichen, denn letztlich *ist* sie Gott. Dieser Gott spiegelt sich nach Schellings Überzeugung in der menschlichen Vernunft wider. Das gibt dem Menschen Freiheit von der Natur. Trotzdem darf er sich nicht in Widerspruch zu ebendieser Natur bringen: denn von ihr hängt er ab. Vernichtet der Mensch dieses Band der „Kreatürlichkeit“, wird er aus dem Übermut, über allem zu sein und selbst alles zu sein, ins „Nicht-Sein“ fallen. Eine Warnung, die wir angesichts der Umweltzerstörung heute sehr gut nachvollziehen können. Die höchste Ausdrucksform des Strebens zu Gott war für Schelling die Kunst: weil sich in Kunstwerken die schöpferische Kraft des Menschen mit der Materie (dem Material des Kunstwerkes) versöhnt.

Warum muss sich der Mensch überhaupt den Kopf zerbrechen? Dazu sagte Schelling: Die Entfremdung von der Natur hat das Philosophieren nötig gemacht.

Wie wird aus eins und eins drei? Hegels Dialektik Teil eins

„Ganz der Papa!", ruft die eine Tante aus. Die andere widerspricht: „Nein! Ganz die Mama!" Deine Eltern sagen lachend: „Von beiden das Beste!" Und du ärgerst dich und denkst: „Ich bin doch ich!"

Natürlich hast du Recht! Schließlich bist du eine ganz und gar eigene individuelle Persönlichkeit. Richtig ist aber auch, dass deine Mutter und dein Vater dich bekommen haben, weil sie sich lieben und deshalb ein gemeinsames Kind haben wollten. In dir haben sich nicht nur ihre Gene verschmolzen, in dich sind auch alle ihre Hoffnungen und Wünsche eingeflossen. Natürlich freuen sie sich, wenn du möglichst viel von ihrer Klugheit, ihrer Liebenswürdigkeit und vielleicht auch Mutters schöne blaue Augen oder Vaters dichtes schwarzes Haar mitbekommen hast. Wenn nicht, finden sie dich trotzdem gut gelungen und sind stolz auf dich. Schließlich ist aus ihrem Mix was tolles Neues geworden. Wenn du eines Tages jemanden gefunden hast, den du magst und der dich gern mag, dann wollt ihr vielleicht auch ein Kind, das wiederum das Beste von jedem von euch mitbekommen soll. So entwickeln sich die Generationen weiter. Nicht nur die!, würde jetzt Georg Wilhelm Friedrich Hegel (1770–1831) sagen. Er ist wie Kant einer der bedeutendsten deutschen Philosophen und hat die ganze Welt nach dem Motto „Wir machen ein Kind und entwickeln uns fort!" erklärt. Seine Methode wird *Dialektik* genannt und geht so: Zwei Gegensätze – dein Vater und deine Mutter – stehen sich gegenüber. Sie tun sich in ihrer Widersprüchlichkeit – Mann und Frau – zusammen, und daraus entsteht ein Kind – du. Wie das Kinderkriegen zur Philosophie wird, kannst du im nächsten Kapitel lesen.

Hegels **Dialektik** (von griechisch: dialegesthai = Rede und Gegenrede führen) ist ein philosophisches Denksystem in drei Schritten. Es geht so: Einer These (Grundbehauptung) wird die Antithese (Widerspruch) entgegengesetzt und daraus ein Schluss gezogen: die Synthese.

Macht Streiten schlau? Hegels Dialektik Teil zwei

Bei Hegels Dialektik lässt Fichte schön grüßen. Von ihm hat Hegel das Denken in drei Schritten übernommen und damit die ganze Welt in seiner „Phänomenologie des Geistes“ erklärt.

Ein Phänomen ist eine Erscheinung. In der Phänomenologie des Geistes versuchte Hegel zu erklären, wie die Welt dem Menschen erscheint und wie er sie sich erklären kann.

Georg Wilhelm Friedrich Hegel sagte, dass die menschliche Vernunft, die Geschichte, die Welt, letztlich sogar Gott durch Dialektik erkannt werden und sich auch selbst erkennen können. Fangen wir beim Menschen an. Denk noch einmal an den Blick in den Spiegel (siehe auch Seite 22): Wenn ein Kind sich darin zum ersten Mal selbst sieht, denkt es, das sei ein anderer Mensch. Erst langsam begreift es: Das bin ich!, und fängt an, über sich selbst nachzudenken. Schließlich wird es sich so seiner selbst bewusst. In dialektischen Schritten ausgedrückt: Das Ich vor dem Spiegel (These) begegnet einem anderen außerhalb seiner selbst (Antithese). In diesem Fremden erkennt es sich wieder und führt „die beiden“ zum eigentlichen Ich zusammen (Synthese). Das Kind weiß nun mehr über sich.

Der Mensch als Einzelner, so schließt Hegel daraus, strebt nach subjektiver Vernunft. Das Gleiche gilt aber auch auf höherer Stufe: für die Familie, die Gesellschaft, den Staat. Denn Hegel sagt, nicht nur der einzelne Mensch strebt nach solcher Erkenntnis und größerer Vollkommenheit. Die ganze Geschichte läuft so ab: Die Menschheit entwickelt sich nur deshalb weiter, weil fortwährend vermeintliche Gegensätze aufeinander stoßen, aus denen am Ende aber ein vernünftiger Schluss gezogen werden kann. In Familie, Gesellschaft und Staat zeigt sich im Hegel'schen Sinne die objektive Vernunft, die der subjektiven übergeordnet ist. Deshalb ist der einzelne Mensch dem Staat zu unbedingtem Gehorsam verpflichtet. Selbst Kriege haben für

Hegel, so gesehen, einen Sinn. Um zu verstehen, wie er das meint, stell dir aber lieber vor, was passiert, wenn du mit deinem Bruder streitest. Da geht es hoffentlich nicht so blutig zu wie in Kriegen, auch wenn manchmal die Fetzen fliegen. Jeder von euch trägt seine Meinung vor. Am Ende werdet ihr euch vermutlich trotzdem wieder vertragen. Echten Frieden wird es aber nur geben, wenn jeder einen Teil der Argumente des anderen als richtig erkennt und akzeptiert hat.

Die höchste Stufe der Vernunft bildet sich für Hegel in der Kunst, der Religion und in der Philosophie heraus.

Diese spiegelt den Weltgeist, also Gott wider.

Selbst Gott erklärte der schwäbische Philosoph dialektisch, und zwar so: Auch Gottes Geist hat sich selbst ent-fremdet, indem er sich als Natur und menschlicher Geist gegenübersteht. Wenn der Mensch mit seiner Vernunft die Natur anschaut, sieht er also ein Bild Gottes, betrachtet sich dabei aber gleichzeitig selbst. So kann sich Gott letztlich in seiner Vollkommenheit erkennen. Es geht ihm da nicht anders als dem Kind vor dem Spiegel: Gott wird sich durch sich selbst bewusst.

Georg Wilhelm Friedrich Hegel (1770-1831) während einer Vorlesung (Lithographie von F. Krüger

Wo bleibt die Leidenschaft? Kierkegaard – der erste Existenzialist

Wie fühlt sich der Mensch, wenn er – wie bei Hegel – im Parterre eines gewaltigen Gedankengebäudes stehen soll, über dem sich die Welt bis hin zu Gott erhebt? Ziemlich klein und mickrig.

Für Kierkegaard war sein eigenes Leben ein Teufelskreis: Erst hatte er so viel Angst, er könne keine Frau glücklich machen, dass er sogar seine Verlobung auflöste. Dann ließ ihn der Liebeskummer um diese Frau nahezu verzweifeln.

„Der Mensch lebt in seinem eigenen Leben!", schimpfte denn auch der Philosoph Sören Kierkegaard (1813–1855) über Hegels dialektische Konstruktion mit ihren drei Stufen der Vernunft (subjektive, objektive, absolute). Kierkegaard fehlte die Leidenschaft. Vor allem ein Gefühl war es, auf dessen Fundament sich seine Philosophie aufbaute: die Angst. Kierkegaard war schwermütig. Wohl deshalb wurde er zum ersten Existenzialisten, ein halbes Jahrhundert später wurde eine philosophische Richtung daraus (siehe Seite 116). Kierkegaard ging die Existenz vor der Essenz: Erst müssen wir erkennen, *dass* etwas ist, bevor wir uns den Kopf darüber zerbrechen können, *was* etwas ist. Was sollte die ganze Suche nach einer absoluten Wahrheit, wenn der Mensch als Einzelner für sich keine finden kann? „Worauf es ankommt, ist nicht die Masse von Erkenntnissen, sondern das innere Handeln des Menschen", sagte Kierkegaard und leugnete jeglichen Wert der Wissenschaft. Er zog einen Trennungsstrich zwischen Glauben und Vernunft, aber auch zwischen Glauben und Kirche: Gott rufe jeden Menschen einzeln und nicht die Gesamtheit der Menschen, geschweige denn ein Gebilde wie „die Kirche", meinte er. Der Däne teilte das Leben in drei Stadien ein: Im ästhetischen Stadium lebt der Mensch seine Gefühle. Im zweiten, dem ethischen, entscheidet er sich, wie er leben will. Weil er aber auch so keinen Sinn für sein Leben findet, wendet er sich schließlich dem Glauben, dem religiösen Stadium, zu.

**„Glauben bedeutet den Verstand verlieren, um Gott zu gewinnen."
Sören Kierkegaard**

Hast du ein Vorbild? Oder bist du Fan eines Stars? Dann wärst du sicher gern so wie er oder sie, ziehst dich vielleicht ähnlich an oder trägst die gleiche Frisur. Menschen eifern gern ihren Idolen nach.

Wer erschuf Gott? Feuerbachs Glaube an sich selbst

Meistens sind diese Idole für uns unerreichbar. Würden wir unsere Vorbilder hautnah im Alltag erleben, wäre der Lack vermutlich schnell ab: Denn auch sie sind letztlich nur ganz normale Menschen. Wir himmeln sie an, weil wir uns ein bestimmtes Bild von ihnen machen. Für Ludwig Feuerbach (1804–1872) war Gott nicht mehr als ein solches Idol. Er sagte: Was der Mensch nicht selbst ist, aber zu sein wünscht, stellt er sich in seinen Göttern als seiend vor. Besonders kritisierte Feuerbach die christliche Bibel. In ihr steht: Gott schuf den Menschen nach seinem Ebenbild. Dem hielt Feuerbach entgegen: Es ist genau umgekehrt! Der Mensch hat sich Gott nach seinem Ebenbild erdacht. In Wirklichkeit gibt es ihn gar nicht. Statt ein Wunschbild unserer selbst irgendwo oben in den Himmel zu projizieren, sollten wir besser an uns selbst glauben. Religion hielt Feuerbach für puren Egoismus: Glaube an Gott ist für ihn nur ein Streben nach Glückseligkeit und der Versuch, dem Tod ein Schnippchen zu schlagen. Schließlich verliert das Sterben seinen Schrecken, wenn ich an ein Leben nach dem Tod glaube. Die Menschheit soll Gott aber nicht im Jenseits suchen, sondern im Diesseits, nämlich im Menschen selbst. Erst dann werde der Mensch wirklich Mensch. Karl Marx (siehe Seite 108 f.) und sein Kollege Friedrich Engels griffen Feuerbachs Gottes-Kritik später auf und nannten Religion „Opium fürs Volk“: In der Hoffnung auf ein glücklicheres Jenseits nehmen Menschen Leid im Diesseits leichter hin.

Feuerbach wurde zum Idol des Feminismus (siehe Seite 130), weil er sich für die Gleichberechtigung der Frauen einsetzte.

Ist nur, was ich will? Schwarzseher Schopenhauer

Was passiert, wenn du morgens aufstehst und denkst: Dieser Tag kann nichts werden! Prompt stolperst du auf dem Weg ins Bad, wirst vom Lehrer beim Spicken erwischt und kippst dir mittags Spagetti über die Hose.

Ein Pessimist ist jemand, der immer nur das Schlechteste erwartet und sich deshalb letztlich auch nicht mehr über die schönen Dinge, die ihm widerfahren, freuen kann.

Wer immer nur schwarz sieht, wird kaum Freude am Leben haben. Der Philosoph Arthur Schopenhauer (1788–1860) war so ein rabenschwarzer *Pessimist*. Über das Leben sagte er: Der Mensch tanzt, von der Hoffnung genarrt, dem Tod in die Arme. Warum das? Weil für ihn die Welt nicht wirklich ist, sondern nur aus der menschlichen Vorstellung besteht. Und die hängt von seinem Willen ab. Der aber ist ohne Vernunft, weil der Mensch immer nur seine Begierden befriedigen will und ihn das unzufrieden macht.

Kommt dir das bekannt vor? Ähnliches hat 2300 Jahre vor Schopenhauer schon Buddha gesagt (siehe Seite 27). Dessen Gedanken wurden in Europa erstmals Anfang des 19. Jahrhunderts aus dem indischen Sanskrit übersetzt. Schopenhauer hatte sich viel mit dieser indischen Philosophie des Nirwana und Nichts beschäftigt und brachte diese Ideen nach Europa, wo wenige Jahre später Friedrich Nietzsche (siehe Seite 110) ihnen den Namen Nihilismus gab. Selbst an der Lust konnte Schopenhauer nichts Positives finden: weil der Mensch sie nur vorübergehend empfindet; schließlich dauert sie nur kurz und wird wieder von Unlust oder ätzender Langeweile abgelöst. Das einzig Gute, das Schopenhauer beim Menschen finden konnte, war die Fähigkeit zum Mitleid: das Mit-Leiden über das Böse, das anderen Menschen widerfährt. Das allein ist Schopenhauers Ethik.

Sich selbst vom Leiden befreien kann der Mensch bei Schopenhauer - ähnlich wie bei Buddha - nur, indem er sich abkehrt vom Leben und sich zu völliger Bedürfnislosigkeit zwingt.

Was ist Glück? Vom Utilitarismus oder Nutzen des menschlichen Tuns

Während die Romantiker und Idealisten den Platz des einzelnen Menschen in der Natur und in der Welt der Ideen suchten, gingen im 18. und 19. Jahrhundert in der „richtigen“ Welt gewaltige Veränderungen vor sich.

Mit der Industrialisierung änderten sich das Leben und die Gesellschaft der Menschen. Aus Handwerkern und Bauern wurden Fabrikarbeiter. Früher hatten die Menschen Dinge mit eigener Hände Arbeit hergestellt. Jetzt bedienten sie nur noch Maschinen, die den Fabrikbesitzern gehörten. Mit dem Ergebnis ihrer Arbeit hatten sie nichts mehr zu tun – außer, dass sie einen Lohn dafür bekamen, der meistens noch nicht einmal reichte, sie selbst und ihre Familie ordentlich zu ernähren. Dieses neue Leben warf neue Fragen auch in der Philosophie auf: Was war der Zweck des menschlichen Handelns? Und wie musste eine Gesellschaft aussehen, in der das Ergebnis dieses Handelns mit dem handelnden Menschen nichts mehr zu tun hatte? Auf diese Fragen versuchten als Erstes die Utilitaristen eine Antwort zu geben. Vor allem zwei englische Denker gaben da Ideen vor: Jeremy Bentham (1748–1832) und John Stuart Mill (1773–1836). Der *Utilitarismus* fragt nicht: „Warum tue ich etwas?“, sondern: „Was kommt dabei heraus?“ Diese philosophische Richtung klopft das menschliche Tun auf seinen Nutzen hin ab. Der Nutzen menschlichen Handelns, so meinten Bentham und Mill, muss daran gemessen werden, wie viel Glück es den Menschen bringt. Und zwar im Hier und Jetzt und nicht in einer jenseitigen Welt. Sie forderten: Das Handeln einer Gesellschaft muss darauf abzielen, dass die größtmögliche Zahl von Menschen das größtmögliche Glück erfährt.

Für John Stuart Mill gehörte zum größtmöglichen Glück auch die größtmögliche Freiheit des Einzelnen. Deshalb kämpfte er auch für die Gleichberechtigung der Frau.

Das Wort Utilitarismus kommt vom lateinischen utilitas = die Nützlichkeit.

Bin ich, was ich weiß, oder weiß ich, was ich bin? Vom Sein zum Bewusstsein oder umgekehrt

Wenn du ein Geschenk bastelst, bist du sehr gespannt, ob der Beschenkte sich darüber freut: Strahlt deine Schwester über den Schlüsselanhänger, den du für sie gemacht hast? Oder schmeißt sie ihn achtlos in die Ecke?

Du hast den Schlüsselanhänger mit viel Liebe hergestellt. Es steckt etwas von dir selber drin. Wie aber sähe es aus, wenn du Tag für Tag in einer Fabrik Schlüsselanhänger zusammenstecken müsstest, um damit Geld zu verdienen? Du wüsstest nicht, wo sie landen, wohl aber, dass der Besitzer der Fabrik mit „deinen" Schlüsselanhängern viel Geld verdient. Mit dir hätten sie aber nichts mehr zu tun. Karl Marx (1818–1883) nannte das, was durch die Industrialisierung, also die Herstellung von Waren durch Maschinen, mit den Fabrikarbeitern passierte, Entfremdung: Wenn der Mensch nichts mehr hat als seine Arbeitskraft, die er verkaufen muss, wird er selbst zur Ware, für die ein anderer bezahlt.

Aber wo bleibt dann er selbst als Mensch?

„Die Wurzel für den Menschen ist der Mensch selbst!" Karl Marx

So ging es den Arbeitern im 19. Jahrhundert. Marx nannte diese Menschen Proletariat (von lateinisch: *proletarius* = Bürger der untersten Klasse). Marx hatte sich ausgiebig mit Hegel und dessen Dialektik (siehe Seite 101 ff.) beschäftigt. Von einem Weltgeist, in den die widerstreitende Vernunft nach Hegels System in ihrer höchsten Stufe mündet, hielt er aber nichts. Es mache keinen Sinn, sein Wesen von irgendwelchen metaphysischen, außerhalb der erfahrbaren Welt liegenden Ideen her erklären zu wollen. Vielmehr gelte: Nicht das Bewusstsein (über einen höher liegenden Sinn) bestimmt das Sein des Menschen, sondern umgekehrt: Das Sein (das Leben im Hier und Jetzt) bestimmt das Bewusstsein, den Sinn, den der Mensch in seinem Leben sieht. Marx stellte die Philosophie vom Kopf auf die Füße. Er sagte: Die Philosophen haben die Welt nur verschieden interpretiert. Es kommt aber darauf an, sie zu verändern. Dazu bediente sich Marx der Hegel'schen Dialektik, holte sie aber vom Himmel auf die Erde zurück. Und zwar so: Für Marx war der Mensch kein Individuum, kein Einzelner, sondern ein gesellschaftliches Wesen, das verschiedenen Klassen angehört: dem Proletariat, das nichts als seine Arbeitskraft besitzt, und den Kapitalisten, denen die Produktionsmittel – Fabriken, Maschinen, Grund und Boden – gehören. Diese beiden Klassen standen für Marx wie These und Antithese bei Hegel einander gegenüber. Der Widerspruch zwischen Arbeit und Kapital werde sich aber im Lauf der Geschichte auflösen, indem das Proletariat den Kapitalisten die Produktionsmittel abnimmt. Vorübergehend entstehe dann eine Diktatur des Proletariats: Das heißt, die Arbeiter bestimmen, was in der Gesellschaft passiert. Doch auch dieser Zustand ist nur ein vorübergehender, weil sich dann (Synthese) die Klassen auflösen und schließlich alles allen gehört. Diese Theorie wird *Marxismus* genannt.

Im 20. Jahrhundert wurde der **Marxismus** zur politischen Richtung des Kommunismus (von communis = gemeinsam). In den kommunistischen Ländern, wie zum Beispiel der ehemaligen Sowjetunion, übernahm der Staat die Enteignung der Besitzenden. Statt des Proletariats war es aber die Kommunistische Partei, die eine Diktatur ausübte und den Menschen vorschrieb, wie sie leben sollten. Das ging bekanntlich gründlich schief.

Werkstatt der deutschen Firma Krupp (um 1900)

Haben Werte einen Wert? Wie Nietzsche Glaube und Moral für nichtig erklärt

Gut oder böse, Freiheit oder Zwang – wer sagt, dass es diese Grenzen überhaupt gibt? Gott? Was, wenn auch er nur ein Hirngespinst des Menschen ist? Geschaffen aus der Angst, sonst den Boden unter den Füßen zu verlieren?

„Gott ist tot!", sagte Friedrich Nietzsche (1844–1900) – und erklärte auch gleich alle Werte und Sitten zum Nichts. Wenn denn, wie Arthur Schopenhauer gemeint hatte, alles nur Wille sei, warum dann Angst davor haben? Stand dem Menschen dann nicht vielmehr die absolute Freiheit zu, diesen seinen Willen auch durchzusetzen?

Nietzsche war ein Nihilist (von lateinisch nihil = nichts), weil er alle Werte und Glaubenssätze verneinte.

Das Ziel des Menschen musste für Nietzsche der „freie Geist" sein. Ihn zu schaffen, das gab dem Starken dann aber das Recht, den Schwachen zu unterdrücken. Die Welt war in Nietzsches Augen nichts anderes als der Wille zur Macht. Als Ziel des Menschen sah er es an, ein höheres Wesen, der Übermensch, zu werden, aber nicht Gott. So radikal wie Nietzsche hatte noch kein Philosoph mit Glaube und Moral gebrochen. Nietzsche behauptete: „Jedes Fürwahrhalten ist notwendig falsch!", und erteilte jeglicher Metaphysik eine Abfuhr. Was sollte dieses Kopfzerbrechen über Dinge hinter oder über den Dingen? Hatte es den Menschen weitergebracht, die Welt größer, besser oder anders gemacht? Alles sinnlos, sie schwebte im immer gleichen Nichts. Also machte es auch keinen Sinn, nach einem solchen zu suchen. Wissen, Moral und Glaube verhalfen weder zu Wahrheit noch zu Gerechtigkeit und Frieden. Die Religion hatte sich für Nietzsche schon dadurch selbst erledigt, dass sie den Zweifel am Glauben als Lüge verbot. Was blieb da noch übrig? Nichts!

Am Nordpol gibt es keine Palmen, in der Wüste hat ein Fisch keine Chance. Klar, weil jedes Lebewesen, ob Pflanze oder Tier, nur dort überleben kann, wo die Natur zu ihm und auch es selbst zur Natur passt.

Wer überlebt im Kampf des Lebens? Darwin und seine Evolutionstheorie

Welche Pflanzen und Tiere wo leben, hängt davon ab, wie warm oder kalt, wie feucht oder trocken es in ihrer Umwelt ist, und ob es dort auch die für sie passende Nahrung gibt. Ändern sich die Umstände, sterben sie aus. Es sei denn, die jeweilige Art passt sich den neuen Gegebenheiten rechtzeitig an. Das war schon immer so – nicht erst, seitdem der Mensch die Umwelt zu zerstören begann. Die Erde hat sich auch selbst verändert. Es hat Millionen von Jahren gedauert, bis sie so wurde, wie sie heute ist. Und doch ging es für manche Wesen zu schnell.

Wir wissen dies alles längst. Aber als der Naturforscher Charles Darwin (1809–1882) im 19. Jahrhundert als Erster diese Entdeckungen machte, war es eine Sensation. Ebenso seine Erkenntnis, dass der Mensch vom Tier abstammt. Darwin leitete aus seinen biologischen Entdeckungen eine philosophische Erkenntnis ab, die *Evolutionstheorie*. Sie besagt: Der Wert des Lebens ist ein Kampf ums Dasein, den nur der Anpassungsfähigste überleben kann („survival of the fittest"). Mit seiner Theorie über die Entstehung der Arten wischte Darwin auch gleich die Bibel mit ihrer Schöpfungsgeschichte vom Tisch: Denn nun konnte es ja nicht mehr stimmen, dass Gott die Welt und alle Lebewesen in sechs Tagen erschaffen hat. Was aber bedeutet es außerdem noch, wenn die Natur tatsächlich nur den Tauglichsten überleben lässt? Dann ist es auch mit der Gleichheit der Menschen, an die das Christentum glaubt, aus und vorbei.

Auf Nietzsches „Willen zur Macht" (siehe linke Seite) und Darwins „Survival of the fittest" beriefen sich Adolf Hitler und die Nationalsozialisten fünfzig Jahre später. Sie missbrauchten seine Theorie dafür, Juden, Andersdenkende, Homosexuelle, Roma und Sinti zu minderwertigen Menschen zu erklären, und begründeten damit den Massenmord an ihnen.

Die Evolutionstheorie besagt, dass alles Leben sich von einer unteren zu einer höheren Stufe fortentwickelt.

Von Sozialdarwinismus sprechen wir, wenn jemand den Wert eines Menschen nach seinem Wert in der Gesellschaft bemisst.

Wer hat das Sagen: Es oder Ich? Wie Freud die Seele ans Tageslicht holt

Hast du schon mal einen besonders schönen, witzigen oder gar richtig scheußlichen Traum gehabt? Dann bist du vielleicht gut gelaunt oder völlig verstört aufgewacht und hast dich gefragt: Was war denn das?

Freud betrieb seine Studien vor allem im Bereich der Sexualität, was ihm gehörig Ärger einbrachte: weil Sex damals als etwas Schmutziges galt und weil er sagte, dass schon kleine Kinder sexuelle Lust empfinden können.

Nach Sigmund Freud ist der Freud'sche Versprecher benannt: Wenn plötzlich etwas anderes aus unserem Mund kommt als das, was wir eigentlich sagen wollten.

Ein Trauma (aus dem Griechischen, zu Deutsch: Wunde, Mehrzahl Traumata) ist ein tief sitzender Schock.

Du warst der Star auf einer Super-Party? Das kannst du dir noch erklären: Das ist auch im Wachzustand dein Traum. Aber was sollte der nächtliche Horrorfilm, in dem du davonlaufen wolltest und nicht von der Stelle kamst? Der Wiener Arzt und Philosoph Sigmund Freud (1856–1939) würde dazu sagen: Dein Es hat dir eine Mitteilung gemacht. Freud war der Begründer der Psychoanalyse: Sie sucht danach, was einen Menschen im Innersten bewegt, was er aber so tief verdrängt hat, dass es ihm nicht mehr bewusst ist. Nur im Traum wird ihm manchmal die Tür aufgemacht. Oder der Mensch wird darüber krank. Warum das? Weil – so Freud – nicht allein die Vernunft das Handeln des Menschen bestimmt, sondern auch sein Es und das Über-Ich. Das Ich ist die Vernunft, der das Es manchmal ins Handwerk pfuscht, ohne dass wir das wissen. Das Es sind die Triebe oder das Unbewusste, wie Freud es nannte. Werden die vom Über-Ich unterdrückt, den Werten und Regeln, die unsere Umwelt uns an-erzieht, kann das krank machen. Ein Erwachsener mit einer Ess-Störung zum Beispiel wurde vielleicht als Kind von seinen Eltern mit einem ständigen „Iss deinen Teller leer!“ traktiert. Selbst wenn er das später gar nicht mehr weiß, hat sein Es das abgespeichert – weshalb er später nur noch mit Ekel essen kann. Die Psychoanalyse sucht bei Kranken nach solchen versteckten *Traumata* und hebt sie aus dem Unbewussten ans Tageslicht. Dann kann das Ich sie verarbeiten und wird im besten Fall wieder gesund.

Schöne neue Welt

Ist der Mensch noch, was er war? Wie Fortschritt und Technik das Denken umkrempeln

Im Internet um die Welt zu surfen ist für dich so normal wie der tägliche Sonnenaufgang. Willst du deine Oma mit auf diese Reise nehmen, staunt sie vielleicht - und winkt dann müde ab: Lass mal, ich gehör da nicht mehr hin!

Dass uns die Welt offen steht, uns Maschinen lästige Alltagsarbeit (wann hast du das letzte Mal von Hand Geschirr gespült?!) abnehmen, wir immer und von überall mit jedem sprechen können, darüber machen wir uns gar keine Gedanken mehr. Aber was passiert eigentlich mit uns, wenn Neues das Leben verändert? Versuch mal, dich zu erinnern, wie es ohne Handy war. Oder wie du deine Freizeit gestaltet hast, bevor es Gameboy oder Play Station gab. Es ging dir auch nicht schlechter. Aber heute denkst du, du kämst ohne diese Dinge nicht mehr aus.

Die neuen Möglichkeiten haben nicht nur das Leben der Menschen verändert, sondern die Menschen gleich mit. Noch nie ging das so schnell wie heute. Kein Wunder, wenn alte Leute manchmal sagen: Ich komm da nicht mehr mit! Die Frage von Karl Marx, ob das Sein das Bewusstsein oder das Bewusstsein das Sein bestimmt (siehe Seite 108 f.), ist aktueller denn je und viel brisanter als zu Zeiten, zu denen Marx seine Antwort darauf gab.

Die Entdeckungen der Renaissance (siehe Seite 66 f.) erweiterten vor allem den räumlichen Horizont der Menschheit – das Leben des einzelnen Menschen veränderten sie aber nicht sofort und nicht unmittelbar. Es dauerte, bis die Chance der Bildung, die der Buchdruck erst möglich gemacht hatte, auch bei den Leuten „unten" ankam. Ab dem Ende des 19. Jahrhunderts, verstärkt im 20. und noch viel rasanter heutzutage krempelt der technische Fortschritt das Leben der ganzen Menschheit in unglaublicher Geschwindigkeit und Weise um. Naturwissenschaften wie Physik, Biologie, Chemie, aber auch die Informatik machten und machen Dinge möglich, die sich deine Eltern in ihren kühnsten Träumen nicht hätten vorstellen können. Die Ergebnisse der Forschung kommen direkt bei jedem Einzelnen an. Denk nur mal an die Medizin und daran, was sie heute kann.

Die Philosophie stellt das vor neue Fragen: Darf und kann das Denken überhaupt noch abgehoben vom täglichen Leben um „die Dinge an sich" oder einen über der menschlichen Erfahrung liegenden metaphysischen Raum kreisen? Oder muss sich der Philosoph in die Dienste des technischen Fortschritts stellen? Sind Forschung und Fortschritt Werte an sich, die nichts und niemand stoppen darf, soll und auch gar nicht kann? Oder muss Philosophie deren Auswirkungen auf den Menschen, die Politik und die Gesellschaft untersuchen? Muss sie in der Ethik vielleicht sogar sagen: Halt! Bis hierher und nicht weiter!? Am Beispiel der Gentechnik kannst du gut verfolgen, wie da die Köpfe rauchen (siehe Seite 134 f.). Die zwei Weltkriege im 20. Jahrhundert haben zum ersten Mal gezeigt, wie durch den technischen Fortschritt Menschen in unermesslicher Zahl vernichtet wurden. Die Atombombe hat sogar die totale Zerstörung der Erde möglich gemacht.

Und dennoch lebt jeder Mensch auch für sich allein.

Wo aber ist in einer solchen Welt für den Einzelnen noch Platz? Wo findet er seinen Lebenssinn? Wo ist der Mensch als Mensch zu Hause? Und wo gehört er hin? Aus diesen Fragen entstand eine neue philosophische Richtung. Sie wird Existenzialismus genannt (siehe nächstes Kapitel).

Ist der Mensch zum Leben verdammt? Die Existenzialisten

Manchmal hacken Eltern - egal, was man tut - immer nur auf einem herum. Vielleicht würdest du ihnen dann am liebsten sagen: „Ihr wolltet mich doch! Mich hat keiner gefragt, ob ich überhaupt auf die Welt kommen will!“

Dann hättest du fast schon einen existenzialistischen Satz von dir gegeben. Der Existenzialismus ist eine philosophische Schule (siehe Seite 30), die nicht fragt: Warum bin ich auf der Welt? Was hat die Welt mit mir zu tun? Was ist in ihr mein Zweck und Sinn? Welches Ziel hat mein Leben? Die Existenzialisten warfen den Mensch auf sein Da-Sein als einzelner Mensch zurück. Sie sagten: Alles Kopfzerbrechen über das Wesen des Menschen als solchen, sein Verhältnis und seine Beziehung zu Gott und der Welt sind müßig und machen keinen Sinn. Denn es gibt keine Sicherheiten und Werte, keine Ordnung oder Regeln, die für das Leben vorgegeben sind. Das Einzige, was der Mensch als wahr feststellen kann, ist, dass er ist. Dafür kann es keine mit dem Verstand fassbaren Erklärungen geben – deshalb ist jedes Grübeln darüber vertane Zeit, weil es einen vernünftigen, also rationalen, Grund für die Existenz eines Menschen gar nicht geben kann. Was diese Existenz ist, spürt der Mensch am deutlichsten als Angst über dieses „In-die-Welt-geworfen-Sein“. Denn dadurch, dass er da ist, ist er zugleich zum Handeln verdammt. Wenn du lebst, kommst du nicht darum herum, dich ständig zu entscheiden, wie du dieses Leben leben willst. Und selbst wenn du dich nicht entscheidest, ist das eine Entscheidung: nämlich die Entscheidung dagegen. Daraus gibt es kein Entkommen. Eine Philosophie, bei der dem Menschen wirklich angst werden kann.

Existenzialismus war eine Geisteshaltung, der sich im 20. Jahrhundert vor allem in Frankreich viele Künstler anschlossen. Man erkannte sie an ihrer schwarzen Kleidung.

„Heute ist der erste Tag vom Rest deines Lebens“ heißt ein Spruch, bei dem uns, wenn wir ihn ernsthaft bedenken, das Lachen im Hals stecken bleibt. Denn der Tod setzt unserem Leben ein Ende. Tot sein ist nicht sein.

Leben, um zu sterben? Martin Heideggers Sein und Zeit

Wir „sind“ nur bis zum Tod. Der deutsche Philosoph Martin Heidegger (1889–1976) hat sein Hauptwerk denn auch „Sein und Zeit“ genannt. Er ging der Frage nach: Was ist dieses Sein, auf das der Tod wartet? Es ist von der Zeit, die wir für unser Leben haben, bestimmt. Da der Mensch der Einzige ist, der das überblicken kann, ist das Sein das Sein des Menschen. Aber ein Baum, ein Stein „sind“ doch auch. Das wiederum erkennt nur der Mensch. Für Heidegger ist der Mensch ein Held, der sein Leben tapfer erträgt, da er ja weiß, dass es mit dem Tod endet. Dieser Heldengedanke hat Heidegger zeitweise zum Anhänger des Nationalsozialismus werden lassen. Er schloss sich Adolf Hitler an, der die Deutschen zu Herren eines Tausendjährigen Reiches machen wollte. Das Sein des Menschen sah Heidegger später aber auch eingebettet in das „Sein an sich“. Die Existenz, das Vorhanden-Sein des Menschen, verstand er in der ursprünglichen Bedeutung des lateinischen Wortes ex-sistere: „heraus stehen“. Weil der Mensch über seine Existenz nachdenken kann, steht er aus dem Sein heraus. Um dies zu sehen, braucht er keinen Gott, keinen über der Welt schwebenden höheren Geist. Er kann sich selbst erkennen, indem er vom Sein aus auf sich schaut. Dieses Sein erschließt er sich zum einen mit der Sprache, weil er in ihr denkt, zum anderen dadurch, dass er die Dinge um sich herum wahrnimmt, und drittens durch sein Handeln, indem er sich dieser Dinge bedient.

Heidegger nannte sein Hauptwerk „Sein und Zeit“, weil die durch den Tod begrenzte Zeit des Menschen Einfluss auf sein Sein hat. Heidegger bediente sich einer sehr eigenwilligen Sprache. Von ihm stammt auch der Satz: „Das Nichts nichtet.“

Die moderne Technik war für Heidegger dabei ein Irrweg, weil sie ihm den Blick auf das Sein verstellt und deshalb den Menschen von sich selbst entfremdet.

Was macht den Mensch zum Menschen? Karl Jaspers' Kümmern um uns selbst

Vergeht ein Mensch fast vor Kummer, sagen wir: Er ist außer sich vor Schmerz. Manchmal sind wir auch „außer uns“ vor Glück. Oft sind es Extrem-Situationen, in denen wir besonders intensiv über unser Leben nachdenken.

Die Sinn-Suche macht den Mensch zum Menschen. Das besagt die Philosophie von Karl Jaspers (1885–1969), der zwischen Dasein und Existenz unterschied. Für Jaspers beginnt die Existenz des Menschen mit dem bewussten Nachdenken über sein Dasein. Philosophie nannte er deshalb auch „Kümmern um uns selbst“. Jaspers kam über die Medizin, insbesondere die Psychiatrie zur Philosophie. Er wollte „den Menschen als Ganzes erfassen“. Die Psychiatrie befasst sich als Heilkunst der Seele mit Menschen in Grenzsituationen. Solche Grenzsituationen waren für Heidegger der Tod oder die Schuld, die wir durch Handeln oder auch Nicht-Handeln auf uns laden. Aber auch Zufälle, Katastrophen oder Enttäuschungen, die Mitmenschen uns zufügen und denen wir hilflos ausgeliefert sind. Genau dann aber, so Jaspers, kommt der Mensch sich selbst am nächsten. Weil er dann in sich geht, hat er die Chance, er selbst zu werden. Nicht die Vernunft, sondern erst Gefühle und Stimmungen bringen uns zu uns selbst. Der Verzweiflung, in die uns solche Grenz-Situationen geraten lassen, kann der Mensch nur entkommen, wenn er über sein Selbst-Sein hinausgeht ins *transzendente* Sein. Jaspers nennt das den „philosophischen Glauben“ an etwas, was mit dem Verstand nicht mehr erfasst werden kann: also Gott. Über ihn sagte er: „Dass Gott ist, ist genug.“ Diesen Sprung aus der Verzweiflung nannte Jaspers den „Sprung zu mir als Freiheit“, den Sprung aus der Angst zur Freiheit.

Zum „Kümmern um uns selbst“ gehörte für Jaspers auch die Sorge um die Gesellschaft. Der Mensch war für ihn die größte Möglichkeit und Gefahr für die Welt. Er warnte damit vor blindem Wissenschafts- und Technik-Glauben, der die Menschheit an den Abgrund ihrer Existenz führen kann.

„Du wolltest einen Hund haben, jetzt kümmer dich auch um ihn!", schimpft deine Mutter. Klar wolltest du - aber dass ein Tier so viel Arbeit macht, hast du nicht erwartet. Inzwischen ist dir der Vierbeiner eine Last.

Bin ich immer selber schuld? Sartres „zur Freiheit verurteilt"

Jetzt überlegst du schon manchmal, ob der Entschluss im Nachhinein der falsche war. Hättest du dich aber dagegen entschieden, hätte dir auch das weiter Kummer gemacht. Das Problem mit dem Hund wird sich irgendwie lösen. Fatal wird es, wenn es um wirklich wichtige Entscheidungen geht. Damit hat sich der Großmeister des Existenzialismus in Frankreich, Jean-Paul Sartre (1905–1980), beschäftigt. Dieses ewige Sich-entscheiden-Müssen sah er als die eigentliche Last des Lebens an. Er formulierte das so: „Der Mensch ist zur Freiheit verurteilt." Damit meinte er, dass das ganze Leben Entscheidungen verlangt, für deren Konsequenzen man nicht äußere Umstände, die Gesellschaft oder Gott und die Welt verantwortlich machen kann. Das, so meinte er, hat einen Grund: Im Gegensatz zu allen anderen Dingen in der Welt, die einfach „An-sich" da sind, muss der Mensch sich erst selbst erschaffen, um „Für-sich" zu sein. Er muss aus den Möglichkeiten des persönlichen Lebens die für ihn passenden auswählen. Denn weder das Wesen des Menschen noch seine Natur sind vorgegeben. Die Suche nach einer für die Menschheit gültigen Ordnung hält Sartre für sinnlos, weil es einen Sinn des Lebens an sich nicht gibt. Der Mensch ist grenzenlos frei. Diese Freiheit war für Sartre aber etwas Negatives. Mancher, so meinte er, flüchtet sich deshalb in die Wissenschaft oder den Glauben an Gott, duckt sich damit jedoch nur aus Angst vor der Freiheit weg.

Von Sartre stammt der Ausdruck vom „In-die-Welt-geworfen-Sein" des Menschen.

Nicht in jeder Hinsicht war Sartre Freiheit lästig: In seiner Beziehung zu der Philosophin Simone de Beauvoir (siehe Seite 130) hat er gern davon Gebrauch gemacht: Die beiden gestanden sich alle - auch sexuelle - Freiheiten außerhalb ihrer Partnerschaft zu.

Alles nur Geschwätz? Ludwig Wittgensteins Sprach-Philosophie

„Red doch nicht immer über Dinge, von denen du keine Ahnung hast!", schimpfen die Erwachsenen manchmal und nennen dich dann altklug. So ähnlich hat Ludwig Wittgenstein seine Philosophen-Kollegen abgekanzelt.

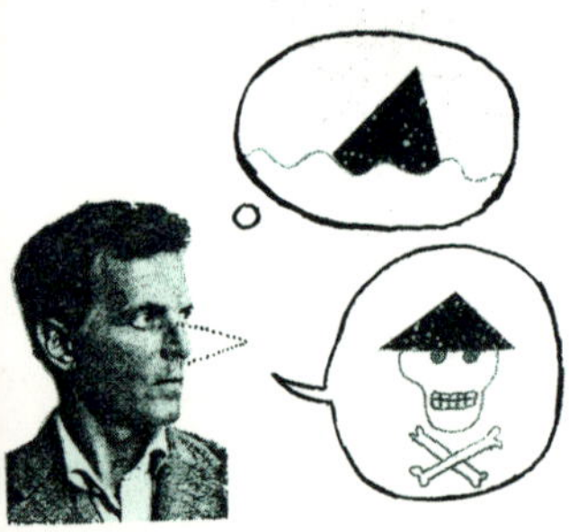

Wie Sprache funktioniert, beobachtete Wittgenstein daran, wie Kinder durch Sprachspiele Sprache erlernen. Gelegenheit dazu hatte er, während er als Lehrer an einer österreichischen Schule arbeitete.

Von Ludwig Wittgenstein (1889–1951) stammt der Spruch: „Wovon man nicht sprechen kann, darüber muss man schweigen." Das war der letzte von sieben Haupt-Sätzen aus seinem Werk „Tractatus logico-philosophicus". Darin grübelte er über den Sinn von Philosophie als solcher nach und kam zu dem Schluss: „Was sich überhaupt sagen lässt, lässt sich klar sagen." Deshalb sei es absurd, sich über den Sinn des Lebens den Kopf zu zerbrechen. Zwar bestritt Wittgenstein nicht, dass es Metaphysik, also etwas außerhalb unseres Denkens, gibt. Das können wir aber nur feststellen, indem wir es „von innen durch das Denkbare begrenzen". Mehr ist darüber nicht zu erkennen und deshalb auch nicht zu sagen. Erkennen lässt sich nur, wofür wir Worte haben. Mit Wörtern und Sätzen bildet der Mensch die Wirklichkeit ab. Was sich schon an den Hieroglyphen, der Bildersprache der alten Ägypter, zeigt. So, wie wir mit Sprache und Gedanken Bilder zu Sätzen ordnen, sind die Dinge und Sachverhalte geordnet. Ein Sachverhalt spiegelt wider, wie sich die Dinge zueinander verhalten. Der Sinn der Welt aber liegt außerhalb ihrer selbst und ist deshalb nicht fassbar. In seinem zweiten Werk, den „Philosophischen Untersuchungen", verwarf Wittgenstein allerdings seine Aussagen aus dem „Tractatus". Diesmal räumte er ein, dass die unterschiedliche Bedeutung, die Worte haben können, das Denken erschwert. Diese Verwirrung aufzulösen, das sei Aufgabe der Philosophie.

Was passiert, wenn du bei einer Englisch- oder Lateinaufgabe in einem wichtigen Satz ein Wort nicht verstehst? Du kannst raten, versuchen, den Sinn aus dem Zusammenhang zu erschließen - oder du gibst auf.

Was, wenn es keine Fragen mehr gäbe? Bertrand Russells Sorge um die Menschheit

Würde der Satz dem Verständnis des gesamten Textes dienen, ginge die Aufgabe vermutlich in die Hose. Das Gleiche gilt fürs Philosophieren, sagte Bertrand Russell (1872–1970). Denn: „Jeder Satz, den wir verstehen können, muss vollständig aus Bestandteilen zusammengesetzt sein, die uns bekannt sind." Das wird logischer Atomismus genannt. Russell forderte, dass in der Philosophie wie in der Mathematik nur gelten dürfe, was in beweisbare Einzelteile zerlegt werden kann. Bis er selbst ein mathematisches Problem entdeckte, das bis heute kein Denksportler lösen kann. Russells *Paradox* geht so: Ein Barbier bekommt den Auftrag, allen Männern im Dorf den Bart zu scheren, die sich nicht selbst rasieren, aber nur diesen. Kein Problem, denkt sich der Scherenkünstler und legt los. Am Ende fragt ihn sein Auftraggeber: „Und wer hat dich rasiert?" Der Barbier antwortet: „Ich mich selbst!", und bringt sich so um seinen Lohn. Er erhält eine zweite Chance und rasiert sich selbst nicht. Wieder daneben: Denn nun gehört er zu den Männern, die sich nicht selbst rasieren – hätte sich also rasieren *müssen*. Diese Zwickmühle brachte den Mathematiker Russell fast zur Raserei, den Philosophen Russell aber zur Erkenntnis: Auch wenn die Hoffnung, auf metaphysische Fragen je eine Antwort zu finden, fast null ist, müssen wir weiter daran herumrätseln. Schon allein, um das Interesse an der Welt wach zu halten.

Ein **Paradox** ist eine Aussage, die ihren eigenen Widerspruch in sich trägt. Das berühmteste Paradox ist das des Philosophen Epimenides, der im 7. Jahrhundert vor Christus lebte, über den lügenden Kreter. Epimenides sagte: „Alle Kreter lügen." Er selbst war aber auch einer. War dann seine Aussage eine Lüge oder die Wahrheit?

Da fehlt doch was!

Wo bleiben die Frauen? Die verschwiegene Weisheit

Philosophie heißt „Freund der Weisheit". „Sophia", die Weisheit, ist ein weibliches Wort. Und doch oder gerade deshalb ist dir sicher schon aufgefallen, dass Frauen in der Philosophie kaum vorkommen.

Dabei war es eine Frau, die im antiken Griechenland als Einzige das Orakel von Delphi (siehe Seite 134) auslegen konnte: Pythia hieß diese Seherin. Sokrates ließ sich im 5. Jahrhundert vor Christus von einer Frau, Aspasia von Milet (siehe Seite 126), in Rhetorik unterweisen. In einem Werk Platons verhilft eine Frau, Diotima, dem weisen Sokrates zu philosophischer Einsicht. An anderer Stelle spricht Platon allerdings vom „Fluch der Götter, eine Frau zu sein". Für Aristoteles war eine Frau nur ein unvollständiger Mann. Severinus Boethius wiederum suchte und fand tausend Jahre später im Zwiegespräch mit einer Frau, der „Philosophia", den „Trost der Philosophie" (siehe Seite 55). Epikur unterrichtete auch Frauen, was offensichtlich eine Ausnahme war. Und Pythagoras legte (s)einer Frau die Leitung seiner Akademie für die Zeit nach seinem Tod in die Hände (siehe Seite 126 f.). Trotzdem wissen wir nur wenig über das Denken der Frauen. Das hat Gründe: Schriften antiker Philosophinnen sind nicht erhalten. Im Mittelalter fand weibliche Philosophie – sofern wir überhaupt davon erfahren haben – hinter Klostermauern statt. Weil ihre Philosophie sich auf Gotteserfahrungen beruft, werden sie Mystikerinnen (siehe Seite 128) genannt. Im 19. Jahrhundert ließen zwei Philosophen ihrer abschätzigen Meinung über Frauen freien Lauf: Auch wer von Nietzsche sonst nichts weiß, kennt den Spruch aus seinem Werk „Also sprach Zarathustra": „Du gehst zu Frauen? Dann vergiss die Peitsche nicht!" Schopenhauers Frauenhass ging so weit, dass er junge Mädchen einen „Knalleffekt" der Natur nannte: Ihre Schönheit verpuffe, sobald es ihnen gelungen sei, einen Mann in ihre Falle zu locken. Da wundert es nicht, dass weibliches Denken kaum zur Sprache kam. Das änderte sich erst im 20. Jahrhundert, als Frauen das Studieren erlaubt wurde. Zwei der großen weiblichen Philosophen des 20. Jahrhunderts befruchteten mit ihrer Denkarbeit ihre männlichen Kollegen: Martin Heidegger (siehe Seite 117) räumte ein, ohne seine Schülerin und Geliebte Hannah Arendt (siehe Seite 129) hätte er sein Hauptwerk „Sein und Zeit" gar nicht zu Stande gebracht. Und wer sich mit Jean-Paul Sartre befasst, stößt schnell auf dessen Partnerin und Kollegin Simone de Beauvoir (siehe Seite 130). Wenn Philosophen vom Menschen sprachen, meinten sie bis dahin immer den Mann. Denken Frauen anders – und wenn ja, warum? Ob Tatsachenbehauptung oder Frage: Was wäre so schlimm daran? Männer tun die Argumente von Frauen gern als „weibliche Logik" ab. Warum aber sollte es gegen die Frauen sprechen, wenn ein Mann sie nicht versteht?

Ist das andere Denken von Frauen nicht eher eine Chance?

Schließlich schadet es nie, ein Problem von verschiedenen Seiten her anzugehen. Natürlich sehen Frauen die Welt anders. Schon deshalb, weil sie etwas können, was kein Mann ihnen nachmachen oder erlernen kann: Sie kriegen Kinder. Der weibliche Blick auf die Welt heißt deshalb: Leben von seinem Beginn an zu verstehen. Den Männern ging es eher um den Tod und darum, was danach vielleicht noch kommt. Statt sich in metaphysische Dimensionen aufzuschwingen, dachten Philosophinnen darüber nach, wie man das Leben als solches auf der Welt erhalten kann. Eine Frage, die mittlerweile die Frage aller Fragen ist: Wie können und müssen wir leben, damit es überhaupt eine Zukunft des Lebens geben kann?

Machten Frauen Männer schlau? Die ersten Philosophinnen

„Hinter jedem Mann, der Karriere macht, steht eine Frau, die die Leiter hält.“ So heißt ein bissig böser Spruch, der besagt, dass es oft Frauen sind, die den Männern den Rücken für ihren Weg zum Erfolg freihalten.

Wir wissen nicht, ob das auch für große Philosophen der Geschichte gilt. Die sprichwörtliche Streiterei, mit der Xanthippe ihrem Sokrates angeblich das Leben schwer machte (siehe Seite 40), hatte jedenfalls damit zu tun, dass sie oft nicht wusste, wie sie die Kinder satt kriegen sollte, während ihr Mann philosophierend durch die Straßen lief. Wohl aber ist bekannt, dass Sokrates für seine rhetorischen Künste Unterricht bei einer Frau, Aspasia von Milet (460–401 v. Chr.), nahm und gern auch seine eigenen Schüler zu ihr brachte. Sie lernten dort, vom Einzelnen aufs Allgemeine zu schließen. Einige Forscher glauben sogar, dass es Aspasia war, die die Technik der philosophischen Gesprächsführung erfunden hat. Jedenfalls muss sie so klug gewesen sein, dass philosophisch interessierte Griechen sich regelmäßig bei ihr trafen.

Als erste Philosophin der Geschichte gilt Theano, die im 6. Jahrhundert vor Christus lebte. Auch von ihr sind keine Schriften erhalten. Allerdings gibt es den Verdacht, dass einiges, was ihr Mann Pythagoras aufgeschrieben hat, in Wirklichkeit von seiner klugen Gattin stammt. In einem Punkt soll sie ihm später sogar widersprochen haben. Pythagoras sagte: Alles ist Zahl (siehe Seite 31). Theano hielt dagegen: Von nichts kann nichts kommen. Wie soll etwas, was – wie Zahlen – physisch gar nicht existiert, etwas Physisches erzeugen? Den Glauben der Pythagoreer (siehe Seite 31) an die Unsterblichkeit begründete Theano so:

Es könne nicht angehen, dass ein böser Mensch nach dem Tod damit belohnt würde, dass auch seine Seele sterben darf.

Die dritte im Bund der großen Philosophinnen des Altertums war Hypatia von Alexandria (370–415 n. Chr.): Sie war so klug, dass ihr Vater sie – was für Mädchen damals ungewöhnlich war – in Physik, Mathematik und Astronomie unterrichtete. Bald war sie besser als ihr Lehrer und wandte sich deshalb dem Philosophieren zu. Hypatia leitete das Museion in Alexandria, die größte Sammlung gelehrter Bücher der damaligen Zeit. Hypatia soll sehr schön gewesen sein, war aber nicht verheiratet und ging auf den Straßen Alexandrias auf die Menschen zu, um mit ihnen zu philosophieren. Das war damals eine ungeheuerliche Provokation. Zudem lebte und lehrte sie Toleranz – wofür sie später sterben musste. Denn Hypatia nahm jeden als Schüler an: egal, ob Jude, Christ oder Anhänger einer anderen Religion. Sie wurde deshalb zum Opfer der Auseinandersetzung zwischen den verschiedenen Glaubensgruppen: Sie wurde grausam verstümmelt und dann verbrannt. Ihr Tod gilt als erste Hexenverbrennung der Geschichte.

Sokrates und Xanthippe (Gemälde von Giordano)

Mit Visionen zur Weisheit: Lässt Gott dem Menschen ein Licht aufgehen?

Dass wir von zwei Philosophinnen des Mittelalters erfahren haben, hat vermutlich damit zu tun, dass sie wegen ihrer göttlichen Visionen ernst genommen wurden. Solche Seher werden Mystiker genannt.

Abt oder Äbtissin werden der Chef oder die Chefin eines Klosters genannt.

Die erste Philosophin, deren Schriften vollständig erhalten sind, war Hildegard von Bingen (1098–1179). Heute ist sie vor allem wegen ihrer Kräuter- und Heilkunde bekannt. Hildegard war eine der mächtigsten *Äbtissinnen* im Mittelalter. Sie war Naturforscherin und hatte schon als Kind Visionen von Gott. Allerdings fiel sie dabei nicht wie viele andere Mystiker in Trance, eine Art Traumzustand, sondern empfing die göttlichen Weisheiten wach und bei klarem Verstand. Mit ihren gelehrten Schriften verschaffte sie sich sogar Respekt beim Papst, dem Oberhaupt der katholischen Kirche, obwohl einige ihrer Ansichten im Gegensatz zu den Überzeugungen der Geistlichkeit standen. So widersprach sie der Lehre des Apostels Paulus. Der hatte gesagt: Die Frau ist für den Mann geschaffen. Hildegard hielt dem entgegen: Das gilt umgekehrt auch für den Mann. Sie behauptete sogar, Gott selbst habe eine weibliche Seite. Aufsehen erregte sie mit der Theorie, dass Leib und Seele eine Einheit seien, deren Bedürfnisse der Mensch gleichermaßen befriedigen muss. In Zeiten des körperfeindlichen Mittelalters war das sehr mutig. Selbst das Thema Sexualität war für die fromme Nonne kein Tabu: Sie nannte die Ehe „ein Fleisch in der Verbindung der Liebe". Eine andere Mystikerin, Mechthild von Magdeburg (1210–1282 oder 1297), ging in ihrer Philosophie davon aus, dass Gott zwar den Menschen erschaffen, der Seele aber den freien Willen gegeben habe. Deshalb muss der Mensch für sein Tun auch die Verantwortung tragen.

Als Kind war dein Leben vor allem Spiel. Jetzt suchst du langsam deinen Platz in der Welt. Du denkst darüber nach, was du mal werden willst, ob du Familie möchtest, wo es mit dir hingehen soll.

Was macht das Leben zum Leben? Hannah Arendts Liebe zur Welt

Diesen „Platz in der Welt“ suchte Hannah Arendt (1906–1975) für den Menschen. Sie selbst war Jüdin und musste ganz konkret einen Platz für sich finden: 1933 floh sie nach der Machtergreifung der Nationalsozialisten, die Jagd auf Juden machten, nach Frankreich und von dort 1941 weiter in die USA. Die Schülerin und Geliebte von Martin Heidegger (siehe Seite 117) fasste Leben ganz anders auf als dieser düstere Existenzphilosoph, der das „Vorlaufen auf den Tod“ als äußerste Möglichkeit des Selbst-Werdens sah.

Für Hannah Arendt war die „Gebürtlichkeit“, das Geborensein, die Bedingung des menschlichen Handelns. Der Mensch ist für sie mit der Welt verbunden, weil er nicht für sich allein ist, sondern sein Handeln immer auf seine Mitmenschen ausrichten muss. In ihrer „Vita activa“ – das tätige Leben – beschreibt Arendt den Sinn des Lebens so: Der Mensch arbeitet, damit er leben kann, erfüllt damit aber noch keinen Zweck. Erst, wenn er etwas herstellt, fügt er der Welt etwas hinzu. An einem geschreinerten Tisch zum Beispiel können Menschen sich zusammensetzen. Verwirklichen kann der Mensch sich aber erst im Handeln, weil er dadurch mit anderen in Beziehung tritt, selbst etwas in Gang setzt, etwas Einzigartiges gebiert, so wie der Mensch selbst durch seine Geburt in seiner Einzigartigkeit in die Welt gekommen ist. Leben ist damit kein „Sein zum Tode“, wie bei Heidegger, sondern ein Geboren-Sein mit dem Sinn, selber Neues zu schaffen.

Hannah Arendt entwickelte auch eine Theorie zum Totalitarismus, der absoluten Herrschaft Einzelner über die Menschen. Danach birgt die moderne Gesellschaft die Gefahr, dass der Mensch seine Urteilsfähigkeit verlieren und dadurch manipulierbar werden kann.

Was macht die Frau zur Frau? Simone de Beauvoirs Philosophie des Feminismus

Mal ganz ehrlich: Wer macht bei euch zu Hause was? Wenn deine Mutter von der Arbeit kommt, schmeißt sie wahrscheinlich noch den Haushalt und beklagt sich, dass sie nie Zeit für sich hat.

Simone de Beauvoir war die Frau von Jean-Paul Sartre. Die beiden heirateten aber nie und lebten getrennt. Sie verzichtete bewusst auf Kinder und bekannte sich zur damals verbotenen Abtreibung.

Wenn du ein Mädchen bist, hast du dir vermutlich schon manches Mal geschworen: Das passiert mir später nicht! Als Junge hast du dir darüber vielleicht noch nie Gedanken gemacht. Für die Französin Simone de Beauvoir (1908–1986) war diese Frage der Ausgangspunkt ihrer Philosophie. Sie sagte: Die Theorie der Existenz-Philosophie (Selbstverwirklichung ist für den Menschen die Freiheit, sich selbst zu schaffen (siehe Seite 119)) gilt nicht für die Frau. Bei der Betrachtung des Lebens unterschied de Beauvoir zwischen Transzendenz und Immanenz. Männer, so sagte sie, leben in der Transzendenz, der Sphäre von Geist und Intelligenz. Frauen dagegen seien in der Immanenz (damit meinte sie die Körperlichkeit) verhaftet, weil ihr biologisches Geschlecht sie in der Mutterschaft und der darauf folgenden Tätigkeit der Hausfrau gefangen hält. Wegen ihrer biologischen Fähigkeit, Kinder zu bekommen, würden die Frauen von den Männern unterdrückt. Dies aber sei nicht naturgegeben. Von Simone de Beauvoir stammt der berühmte Satz: „Wir sind nicht als Frau geboren, wir werden dazu erst gemacht." Damit hat sie die Philosophie des Feminismus begründet. Simone de Beauvoir forderte, die Frauen müssten sich emanzipieren. Sie verstand darunter die Abkehr von der Weiblichkeit. Frei werde die Frau erst sein, wenn sie wirtschaftlich von Männern unabhängig und in der Gesellschaft und Politik dem Mann gleichgestellt ist. De Beauvoir wurde damit zur Mutter der Frauenbewegung.

Sturz ins Bodenlose oder Abflug in neue Höhen?

Alles schon gedacht? Warum du trotzdem selber denken musst

Nach all den Kapiteln über 2700 Jahre des Philosophierens fragst du dich vielleicht am Ende dieses Buches: Gibt es überhaupt noch etwas, worüber sich nicht schon jemand Gedanken gemacht hat? Muss Philosophie überhaupt noch sein?

Aber ja! Wir wissen heute weit mehr als Thales von Milet (siehe Seite 29). Du erinnerst dich: Das ist der, mit dem die Philosophie begann und für den alles Wasser war. Seitdem haben sich viele Denker schlaue Gedanken gemacht, hat sich ein gigantischer Berg an Wissen aufgetürmt. Aber noch immer kann niemand die Frage aller Fragen endgültig beantworten: Was ist der Sinn des Lebens? Gibt es überhaupt einen? Und macht es einen Sinn, sich diese Frage zu stellen? Manch einer streift diese Fragen nur kurz und legt sie kopfschüttelnd in irgendeiner Schublade ganz tief in sich ab. Ein anderer plagt sich über Tage, Wochen, Monate, Jahre, manchmal ein ganzes Leben lang damit herum. Einen Dritten berühren diese Fragen immer wieder mal, und er verzweifelt trotzdem nicht daran, weil er irgendwann seinen Frieden mit diesen großen Fragezeichen macht – sei es durch den Glauben an Gott, sei es, indem er sich mit seiner ur-eigenen Lebensphilosophie festen Boden unter den Füßen verschafft.

Und doch haben 2700 Jahre des Philosophierens etwas Großartiges zu Stande gebracht: Heute herrscht zum Glück weit gehend Einigkeit darüber, dass das Leben eines jeden Einzelnen den gleichen, unantastbaren Wert hat wie das eines jeden anderen. Wer das in Frage stellt oder dagegen handelt, kommt nicht mehr ungestraft davon. Philosophie heute heißt deshalb: eine Plattform zu bauen, auf der jedes menschliche Leben seinen Wert unangetastet und sicher er-leben kann. Zu dieser Übereinkunft ist die Menschheit erst über viele Wege und Irrwege gekommen, sie hat aber noch lange nicht das Ziel erreicht. Du erlebst ja selbst: Die Welt ist noch immer voller Ungerechtigkeit, Unfrieden, Hunger und Not. Auch in deiner Klasse sind vielleicht ein paar, die so tun, als ob sie was Besseres wären als die anderen um sie herum. Argumente und Wege zu finden, wie man auch diese Unbelehrbaren belehrt, das hat sich die Philosophie des 20. und 21. Jahrhunderts zur Aufgabe gemacht. Dabei geht es auch darum, ob (und wenn ja: wieweit) sich der Mensch die Welt zu Nutze machen darf und kann, ohne dass er ihr damit schadet.

Philosophie heute soll praktischen Nutzen haben.

Aber auch für dich ganz persönlich hast du sicher schon gemerkt, dass dir keiner das Selber-Denken abnehmen kann: weil jeder für sich seinen Platz auf dieser Welt finden muss. Schon allein, um nicht in der Flut an Informationen, die auf uns einstürzen, zu ertrinken oder in der Fülle der Möglichkeiten, die uns heute offen stehen, unterzugehen. Früher suchten die Menschen einen Fixpunkt, der ihnen die Angst nahm, sich in der Unendlichkeit des Alls zu verlieren. In der Regel war das Gott. Heute müssen wir obendrein aufpassen, dass wir nicht in den grenzenlosen Weiten des Cyberspace verloren gehen. Vielleicht hast du das ja selbst schon erlebt: Wenn du nach stundenlangem Surfen im Internet den Computer ausschaltest, kommt dir die wirkliche Welt manchmal gar nicht mehr wirklich vor. Nachdenken, philosophieren heißt deshalb auch: den Anker fürs eigene Leben zu finden, damit man ihn beim Sturz ins Bodenlose oder beim Abflug in endlose Höhen rechtzeitig auswerfen kann.

Klon & Co.: Was wird aus dem Menschen, wenn der Mensch ihn macht?

„Gnothi sautón": Diese Inschrift stand auf dem Tempel des Gottes Apollo im griechischen Delphi. Die Seherin Pythia las dort aus dem Orakel die Zukunft. Auf Deutsch heißt gnothi sautón: „Erkenne dich selbst."

Jedes Philosophieren setzt bei dieser Aufforderung an. Die Antwort, die der große Sokrates (siehe Seite 39) für sich darauf fand, war: „Ich weiß, dass ich nichts weiß!" Deshalb hat ihn das Orakel von Delphi den Weisesten aller Griechen genannt. Auch du bist auf dem Weg zu dir selbst, willst wissen, wer und was du bist. Je mehr du dir darüber im Klaren wirst, umso größer wird auch dein Selbst-Bewusstsein. Und doch bekommt dieses „Erkenne dich selbst" heute eine ganz neue Dimension: weil der Mensch jetzt selbst den Menschen nach seinem Wunsch erschaffen kann. Die Gen- und Bio-Technologie, das Wissen um die Erbanlagen eines Lebewesens und darum, wie man sie manipulieren kann, haben es möglich gemacht, neues Leben im Reagenzglas zu schaffen. Das nennt man klonen, und an Mäusen und Schafen wurde das bereits ausprobiert. Anfangs wurde dabei aus der Zelle eines einzelnen Tieres ein neues gezüchtet, das mit dem, von dem die Zelle stammt, völlig identisch war. Ziel der Wissenschaft ist es aber, Leben zu schaffen ohne die unerwünschten Beigaben, die das Original des zu klonenden Wesens vielleicht noch hat. Längst ist es keine völlig unrealistische *Utopie* mehr, dass der Mensch einen neuen Menschen ganz nach seinem eigenen Plan erschaffen kann. Es gibt bereits Pflanzen, die auf diese Weise gezüchtet wurden. Dieser Gen-Mais wird bei uns angebaut und geerntet. Seine Erbanlagen wurden gegen Schädlinge resistent, also widerstandsfähig ge-

Utopie
Zukunftsvision

macht. Noch ist es verboten, einen Menschen nach Maß zu schneidern. Für medizinische Zwecke wurden aber an Embryos bereits solche Experimente durchgeführt. Und die Geschichte hat gezeigt, dass die Wissenschaft den Verlockungen des Machbaren auf Dauer nur schwer widerstehen kann.

Was aber hieße es für ein menschliches Wesen, das weiß: Meine Eltern wollten mich nicht so, wie ich zufällig wäre, sondern haben sich mich und meine Eigenschaften vorher ganz genau ausgedacht? Ich wurde wie ein Lego-Männchen aus einzelnen Bausteinen nach einem genauen Plan gemacht? Bin ich ein Mensch oder ein Roboter mit menschlichen Eigenschaften? Was, wenn ich den Vorstellungen, nach denen ich erschaffen wurde, dann doch nicht entsprechen kann?

Was soll ein solches Wesen als sein Selbst erkennen? Welche Freiheit hat es noch? Ist das „gnothi sautón" dann überhaupt noch angebracht? Auch der künstlich konstruierte Mensch wird nach Erkenntnis streben. Doch finge für ihn das Denken nochmal ganz von vorne an. Seine Antworten wären neu. Die Fragen aber blieben für ihn dieselben wie bei Immanuel Kant (siehe Seite 94): Was kann ich wissen? Was soll ich tun? Was darf ich hoffen? Was ist der Mensch?

Das Klonschaf Dolly

Glossar

Anaximander (610–547 v. Chr.) war neben Thales und Anaximenes einer der drei Mileter. Sein Ur-Prinzip allen Seins waren die Gegensätze.

Anaximenes (585–525) war Anaximanders Schüler und mit Thales der dritte Mileter. Sein Ur-Stoff der Welt war die Luft.

Anselm von Canterbury (1033–1109) war ein Adliger aus dem italienischen Aosta. Als Erzbischof von Canterbury suchte er nach Beweisen für Gott.

Arendt, Hannah (1906–1975) war Schülerin und Geliebte Martin Heideggers, wandte sich aber später von ihm ab. Sie war die wichtigste deutsche Philosophin und definierte das Leben von der Geburt her.

Aristoteles (384–322 v. Chr.): Der Arztsohn aus Stagira ging mit siebzehn auf Platons Akademie und war später der Lehrer Alexanders des Großen.

Augustinus (354–430 n. Chr.) stammt aus dem nordafrikanischen Thagaste. Er lebte ein wildes Leben, bis er 386 seine Lebensgefährtin und den gemeinsamen Sohn sitzen ließ. Er ließ sich taufen und wurde einer der berühmtesten Kirchenlehrer.

Bacon, Francis (1561–1626) war der Sohn des Lordsiegelbewahrers, des wichtigsten Beraters von Königin Elisabeth I. in England. Seine Lehre: Wissen ist Macht.

Beauvoir, Simone de (1908–1986) war die Lebensgefährtin von Jean-Paul Sartre und Begründerin der feministischen Philosophie. Ihr bekanntester Satz lautet so: „Wir sind nicht als Frau geboren, wir werden dazu erst gemacht."

Berkeley, George (1685–1753): Der irische Theologe wollte eigentlich auf den Bermuda-Inseln eine Missionsschule gründen. Für ihn existierte nur, was der Mensch auch spürt.

Boethius, Severinus (480–524) stammte aus einer der vornehmsten römischen Familien. Er gilt als der erste Scholastiker. Er fragte als Erster: Ist der Mensch nur ein Produkt seiner Zeit?

Buddha hieß eigentlich Siddhartha Gautama und war ein indischer Fürstensohn. Er lebte im 5. Jahrhundert vor Christus und gründete die Religion des Buddhismus. Er fand die Erfüllung im Nichts.

Darwin, Charles (1809–1882): Der Brite kam während einer fünfjährigen Expedition nach Südamerika auf seine Evolutionstheorie, die besagt, dass nur der überlebt, der sich am besten anpassen kann.

Demokrit von Abdera (460–370 v. Chr.) war Sohn eines Händlers an der Nordküste der Ägäis. Er war der erste Atomist, weil er sagte: Alles besteht aus kleinsten Teilchen, die sich immer wieder neu zusammensetzen.

Descartes, René (1596–1650) wurde in der Nähe des französischen Tours geboren. Er ist der Vater der neuzeitlichen Philosophie. Von ihm stammt der Satz: „Cogito, ergo sum!" – „Ich denke, also bin ich!" 1641 holte ihn die schwedische Königin Christine nach Stockholm. Dort erkrankte er an einer Lungenentzündung und starb.

Epikur (341–270 v. Chr.) stammt von der Insel Samos. In seiner Athener Philosophie-Schule unterrichtete er auch Frauen und Sklaven, was ungewöhnlich war. Er war der Philosoph der Lust, weil er sagte: Nur persönliches Glück bringt die Seele zur Ruhe.

Feuerbach, Ludwig (1804–1872) war der Sohn eines Strafrechtsprofessors aus Landshut. Seine Philosophie war der Glaube des Menschen an sich selbst. Gott war für ihn nur eine Idee der Menschen.

Fichte, Johann Gottlieb (1762–1814): Der arme Handwerkerssohn aus Rammenau bei Bischofswerda wurde über Nacht berühmt, weil sein erstes philosophisches Werk ursprünglich Kant zugeschrieben wurde. Er machte den Menschen zum Schöpfer seiner selbst.

Freud, Sigmund (1856–1939) wuchs als Kaufmannssohn in Wien auf. Er erfand die Psychoanalyse. Die sucht nach dem Es, den verborgenen Erlebnissen und Erfahrungen im Ich, und versucht, sie mit dem Über-Ich, den Erwartungen der Umwelt, zu versöhnen.

Gorgias von Leontinoi (485–380 v. Chr.) kam 427 als Gesandter seiner sizilianischen Heimatstadt nach Athen und begann seine Laufbahn als Festredner. Er sagte: Es kann keine Wahrheit geben.

Hegel, Georg Wilhelm Friedrich (1770–1831) war ein Stuttgarter Beamtensohn. Als Nürnberger Gymnasial-Rektor forderte er philosophische Bildung für die Jugend. Er ist einer der bedeutendsten deutschen Philosophen. Berühmt wurde er durch seine Dialektik (These-Antithese-Synthese), mithilfe derer sich (so seine Meinung) alles vernünftig erklären lässt.

Heidegger, Martin (1889–1976) stammt aus Meßkirch in Baden. Er war einer der wichtigsten, wegen seiner Unterstützung der Nationalsozialisten aber auch meistverachteten deutschen Existenzphilosophen. Er definierte das Leben auf den Tod hin, weil es unweigerlich damit endet.

Heraklit (540–480 v. Chr.) stammt aus einer Königsfamilie im türkischen Ephesos. Von ihm stammen die Sätze: „Alles fließt", und: „Der Krieg ist der Vater aller Dinge."

Hildegard von Bingen (1098–1179) war eine mächtige Äbtissin im Mittelalter. Sie entdeckte die weibliche Seite in Gott.

Hobbes, Thomas (1588–1679) reiste als Erzieher adeliger Kinder durch Europa. Er hielt die Menschen für von Grund auf böse, weshalb sie der Staat in Gestalt des „Leviathan“ in Schach halten müsse.

Hume, David (1711–1776) entstammt einer schottischen Adelsfamilie. Er arbeitete als Hauslehrer, als Botschaftssekretär und schließlich im Außenministerium. Für ihn waren die Gefühle die Richtschnur des Handelns.

Hypatia von Alexandria (370–415) leitete das Museion, die größte Bibliothek ihrer Zeit, in Alexandria und wurde verbrannt, weil sie Toleranz lebte und lehrte.

Jaspers, Karl (1885–1996) wuchs als Sohn eines Bankdirektors in Oldenburg auf. Er ist neben Heidegger der wichtigste Vertreter der deutschen Existenzphilosophie. Als Arzt in der Psychiatrie sah er Menschen in Grenzsituationen. Als Philosoph erkannte er, dass der Mensch in extremen Situationen zu sich selbst findet.

Johannes Scotus Eriugena (ca. 800–877): Der irische Mönch weigerte sich, das Wissen dem Glauben unterzuordnen, und wurde deshalb von der Kirche verdammt.

Kant, Immanuel (1724–1804): Der Königsberger Handwerkerssohn ist einer der größten deutschen Philosophen und Gelehrten. Er formulierte den kategorischen Imperativ, der frei übersetzt heißt: Was du nicht willst, dass man dir tu, das füg auch keinem anderen zu!

Kierkegaard, Sören (1813–1855) ist der berühmteste dänische Philosoph und der Ur-Vater des Existenzialismus. Der Sohn eines Textilhändlers setzte der Vernunft-Philosophie Hegels die Gefühlswelt entgegen. Die Angst beherrschte sein Denken.

Leibniz, Gottfried Wilhelm (1646-1716) war der Sohn eines Professors für Moralphilosophie in Leipzig und ein Genie: Mit sechs brachte er sich Lesen und Schreiben bei, mit acht las er schon die griechischen Philosophen. Er erfand die Philosophie der Monaden.

Locke, John (1632–1704) war Lehrer, Philosoph und Arzt. Der Juristensohn aus der Nähe von Bristol sagte, der Mensch werde nicht mit Verstand, wohl aber mit der Fähigkeit geboren, zu Verstand zu kommen. Er erfand die politische Gewaltenteilung.

Machiavelli, Niccolò (1469–1527) kam aus Florenz. Dort herrschten die Medici. Obwohl er selbst unter der Fürstenfamilie zu leiden hatte, erklärte er, dem idealen Herrscher sei jedes Mittel zum Machterhalt erlaubt.

Marx, Karl (1818–1883): Nach dem Trierer Rechtsanwaltssohn wurde die politische Ideologie des Marxismus benannt, die die Diktatur des Proletariats anstrebt. Marx studierte Jura, gelangte aber über Feuerbach zur Philosophie. Weil er nicht Professor werden durfte, arbeitete er als Redakteur. Mit seinem Freund Friedrich Engels gründete er in London die erste Arbeiterbewegung, die Internationale.

Mechtild von Magdeburg (1210–1282 oder 1297) war wie Hildegard von Bingen eine Mystikerin und lebte im Kloster von Magdeburg. Sie glaubte unter anderem an die Freiheit der Seele.

Morus, Thomas (1478–1535) hieß eigentlich Sir Thomas More. Er war englischer Politiker und Philosoph und erfand den idealen Staat „Utopia". Weil er für Religionsfreiheit war, fiel er in Ungnade und wurde später enthauptet.

Nietzsche, Friedrich (1844–1900) war der erste neuzeitliche Nihilist, weil er sagte: Es gibt keine Werte. Das Lebensziel des Menschen, so der Sohn eines sächsischen Dorfpfarrers, müsse es sein, zum Übermenschen zu werden, statt nach Gott zu suchen.

Parmenides (515–480 v. Chr.) stammte aus einer reichen Familie und lebte im italienischen Elea. Für ihn war Denken und Sein dasselbe, womit er auch die Existenz des Nichts begründete.

Platon (427–347 v. Chr.) war ein Adliger aus Athen. Mit Sokrates und Aristoteles hat er die Philosophie bis zur Gegenwart beeinflusst. Seine Philosophie entwickelte er in fiktiven Dialogen mit seinem Lehrer Sokrates.

Protagoras von Abdera (483 bis ca. 410 v. Chr.) wanderte als Lehrer durch Griechenland. Er war der erste Sophist.

Pythagoras (570–495 v. Chr.) wurde auf Samos geboren, wanderte dann aber nach Italien aus. In Metapont gründete er die Vereinigung der Pythagoreer. Pythagoras sagte: Alles ist Zahl.

Rousseau, Jean-Jacques (1712–1778): Der gebürtige Genfer sollte Kupferstecher werden. Stattdessen wanderte er nach Frankreich. Seine Geliebte brachte ihn zur Philosophie. Seine Anhänger legten ihm später das Motto „Zurück zur Natur!" in den Mund. Er forderte, Kinder sollten so frei wie möglich aufwachsen. Er selbst steckte seine fünf Kinder allerdings in ein Waisenhaus.

Russell, Bertrand (1872–1970) war Mathematiker, Philosoph und Gründer des Vietnam-Tribunals, das amerikanische Kriegsverbrechen in Vietnam untersuchte. Er sagte: Auch, wenn es kaum Hoffnung auf Erkenntnis gibt, muss der Mensch philosophieren, weil sonst das Interesse an der Welt zu Ende geht.

Sartre, Jean-Paul (1905–1980) wuchs als Waisenkind auf. Er wurde zur Galionsfigur des französischen Existenzialismus. Er sagte, der Mensch sei „ins Leben geworfen“ und „zur Freiheit verurteilt“, schien selbst aber am Leben nicht sehr zu leiden: Sartre galt als Lebemann.

Schelling, Friedrich Wilhelm Joseph von (1775–1854): Der Pastorensohn aus Leonberg lehrte als Professor in Jena, Würzburg, München, Erlangen und Berlin. Der Romantiker und Idealist warnte als Erster vor der Zerstörung der Natur.

Schopenhauer, Arthur (1788–1860): Der Danziger Kaufmannssohn wetteiferte als Philosophiedozent in Berlin mit Hegel um die Gunst der Studenten – doch die zogen Hegel vor. Schopenhauer brachte die indische Philosophie in das europäische Denken.

Sokrates (470–399 v. Chr.) war der Sohn eines Bildhauers und einer Hebamme in Athen. Sein eigentlicher Beruf war Steinmetz. Er ist der Begründer der abendländischen Philosophie. Sein berühmtester Satz: „Ich weiß, dass ich nichts weiß.“

Spinoza, Baruch (1632–1677) war ein Amsterdamer Kaufmannssohn. Wegen seines Pantheismus („Gott ist alles, alles ist Gott“) wurde er von der jüdischen Gemeinde verstoßen und musste sich seinen Lebensunterhalt als Linsenschleifer verdienen.

Thales von Milet (625–547 v. Chr.) war Kaufmann in Milet. Er gilt als erster Philosoph der Welt. Für ihn war Wasser der Urstoff, aus dem alles entstand.

Theano (6. Jahrhundert v. Chr.) gilt als erste Philosophin der Welt. Von ihr gibt es keine schriftlichen Zeugnisse. Sie war Schülerin von Pythagoras und leitete nach dessen Tod seine Akademie.

Thomas von Aquin (1225–1274) wuchs in der Nähe von Neapel auf. Mit achtzehn wurde er gegen den Willen seiner Eltern Mönch und entdeckte fünf Gottesbeweise. Nach seinem Tod wurde er heilig gesprochen.

Voltaire (1694–1778) hieß eigentlich François Marie Arouet. Der Mitbegründer der Aufklärung war berüchtigt für seine Spottverse, die ihn sogar ins Gefängnis brachten. Seine philosophische Lehre war die Forderung nach Toleranz und Gedankenfreiheit.

Wittgenstein, Ludwig (1889–1951) war der wichtigste österreichische Philosoph des 20. Jahrhunderts und Erfinder der Sprachphilosophie. Für ihn war Wirklichkeit nur über Sprache erkennbar.

Zenon von Kition (334–263 v. Chr.): Der Kaufmann aus Zypern landete angeblich nach einem Schiffbruch bei einem Buchhändler und dadurch bei der Philosophie. Von ihm kommt die Lehre von der stoischen Ruhe.

Stichwortverzeichnis

Christine Schulz-Reiss, Jahrgang 1956, studierte nach dem Abitur in Erlangen und München Germanistik, Geschichte, Politik und Kommunikationswissenschaften. Nach einem Volontariat bei den Stuttgarter Nachrichten arbeitete sie als politische Reporterin und Redakteurin bei der Münchner Abendzeitung, wo sie schließlich stellvertretend das Ressort Reportagen, Magazin und Nachrichten leitete. 1991 machte sie sich als freiberufliche Journalistin selbstständig. Sie schreibt für verschiedene Magazine – besonders gern über und für junge Leute, wofür sie durch ihre Tochter reichlich Anregungen erhält. 2004 wurde Nachgefragt: Politik für den Gustav-Heinemann-Friedenspreis nominiert. Bei Loewe ist außerdem ein weiterer Titel von Christine Schulz-Reiss erschienen: Was glaubt die Welt? beschreibt die fünf großen Religionen. Die Autorin lebt mit ihrer Familie in der Nähe von München.

Verena Ballhaus wurde 1951 in Gemünden am Main geboren. Schon früh begeisterte sie alles, was mit Farben und Formen zu tun hat. Aus diesem Grund besuchte sie nach der Schule die Kunstakademie in München, an der sie neben Malerei und Grafik auch Kunsterziehung studierte. Nach dem Studium arbeitete sie zunächst für einige Zeit als Bühnenbildnerin, widmet sich aber nun schon seit vielen Jahren dem Illustrieren von Kinderbüchern. Für ihre Arbeit wurde Verena Ballhaus bereits mehrfach ausgezeichnet, u.a. mit dem Jugendliteraturpreis.